Willkommen!
German
Beginner's course
Coursebook

Acknowledgements

The authors would like to thank the Hodder team for their help and
guidance in the preparation of this course. They are grateful to Inge
Weber-Newth, Karen Saego, Michelle Laufer, Ingrid and Ernst-Dieter
Schenke, Matthias Oetken, Ann Coggle, Anke Heinrick and Norma
Copa for her photographs. They would also like to thank all those
whose feedback enabled them to produce this latest, improved course,
in particular Regina Milne, Boris Born and Anna Miell. Thanks are due
to Dirk Ihle for his photographs of the Weltzeituhr and underground
train (p14 & p133), Otto Buchegger for his photograph of the Linz
beer garden (p42), Jochen Schenke for various photographs and all
those taking part in photo sessions.

Sources:
ARD, Allgemeine Elektrizitäts-Gesellschaft (AEG), Bayerische Motoren
Werke (BMW), Bild der Frau, Deutsche Bahn AG (DB), Deutsches
Reisebüro (DER), Deutsche Genossenschaftsbank, Deutsche Telekom,
Deggendorfer Werft und Eisenbau (DWE), EUxUS www.euxus.de,
Hansestadt Lübeck, Hotel und Gaststättenverband – Ortsverband
Travemünde und Kurverwaltung Travemünde, Neckarmann, Neue
Hannoversche Presse, Schlosshotel Breitenfeld (Leipzig), Steigenberger
Grandhotels, Süddeutsche Zeitung, Vereinigte Elektrizitäts- und
Bergwerks-Atktiengesellschaft (VEBA),Verkehrsamt der Stadt Leipzig,
Volkswagen AG (VW), zitty

Orders: Please contact Bookpoint Ltd, 130 Milton Park, Abingdon,
Oxon OX14 4SB. Telephone: (44) 01235 827720, Fax: (44) 01235
400454. Lines are open from 9.00 to 5.00, Monday to Saturday, with a
24-hour message answering service. You can also order through our
website www.hoddereducation.co.uk

If you have any comments to make about this, or any of our other titles, please send them to educationenquiries@hodder.co.uk

British Library Cataloguing in Publication Data
A catalogue record for this title is available from the British Library.

ISBN: 978 1 444 16515 9

First published   1998. Second edition 2009, revised 2012
Impression number   10 9 8 7 6
Year   2015

Cover photo © The Moment I Wake Up – Fotolia.com
Typeset by Fakenham Photosetting
Printed in Italy for Hodder Education, an Hachette UK company,
338 Euston Road, London NW1 3BH

Willkommen!

German

Beginner's course

Coursebook

Second Edition

Paul Coggle and
Heiner Schenke

HODDER
EDUCATION
AN HACHETTE UK COMPANY

Introduction

Welcome to Willkommen!

Willkommen! is an exciting course for adults who are starting German or who have some knowledge already and would like to take it further.

The course is designed both for use in the classroom and for the self-learner.

Our approach aims to involve you, the learner, as much as possible in the learning process. You will find interesting and authentic materials which are relevant to everyday communication needs. The materials cover a wide range of topics and situations including giving your name, ordering in a café, booking a hotel room and writing your own CV.

All four basic skills – listening, speaking, reading and writing – are dealt with in the course. The emphasis is on *using* German, but we also aim to give you an idea of *how* the language works, so that you can create sentences of your own.

The course book contains **12 course units** (**Lektion**) with a **glossary** at the back of the book. There is also a **support book** containing answers to the activities and transcriptions of the audio recordings. If you are going to get maximum benefit from the course, you really need to have access to the audio recordings.

The course units
The course units can be divided into the following categories:

Preview	At the beginning of each unit an outline of the contents is provided – both in terms of what you will be able to do in German by the end of the unit and also mentioning the main grammar points that will be covered.
Presentation of new language	This is both through dialogues and through reading texts (**Lesen und Lernen**). The dialogues are recorded on the audio and also printed in the book for you to read. Some assistance with vocabulary is also given (**Vokabeln**). The language is presented in manageable chunks, building carefully on what you have learned in earlier units.
Listening and reading	Listening passages on the audio will prepare you for listening to spoken German in real-life situations. The reading texts are carefully graded so that you can progress to tackling longer and more difficult texts as you work your way through the course.
'Recycling'	The language points and vocabulary you learn in earlier units are 'recycled' in later units, so that you have a chance to revise them and master them thoroughly.

Practice of the new language	Practice is graded, so that activities which require mainly *recognition* come first. As you grow in confidence in manipulating the language forms, you will be encouraged to *produce*, both in writing and in speech.
Description of language forms	Information on how the language works is presented both within the units (**Sprachinfo**) and in the Grammar sections (**Grammatik**) at the end of each unit. Here, in a simple and straightforward manner, you learn about the *forms* of the language, which enable you to construct your own sentences correctly.
Pronunciation	Sounds used in German are often subtly different from those used in English, so there is specific advice on pronunciation within the course units.
Information on Germany	In a section called **Deutschland-Info** you will find information on various aspects of life in Germany – from the level of formality that is appropriate when you talk to strangers, to advice on presenting your CV.
Information gap activities	In these activities you work in pairs. One partner within a pair is given information which the other has to discover. The information for one partner is provided within the body of the unit, while the information for the other partner is provided in a separate section at the back of the book (see pages 243–49).
Additional exercises	These (**Mehr Übungen ...**) give you more opportunity to practise the new vocabulary and structures you have learned and also to check your progress. Half-way through the book, at the end of **Lektion 6**, there is a self-assessment test (**Test your German**) so that you can monitor your own performance.
Checklist	At the end of each course unit you will find a list of the new words and expressions (**Checkliste**). Organised in certain categories, they will help you to learn the new vocabulary.

We hope you enjoy working your way through *Willkommen!* Don't be discouraged when the going gets tough. Mastering a new language does take time and perseverance, but it should also be fun!

Willkommen! Activity Book

For further practice, the **Activity Book** can be used alongside the main course book. It contains additional grammar and vocabulary, reading, writing and speaking activities which will help you to consolidate what you have learned in each unit.

The authors

Heiner Schenke is Senior Lecturer in German and Director of the institution-wide language programme at the University of Westminster. He has taught German at all levels and is the co-author of several German language and grammar books, including *Teach Yourself German* and *Improve your German*.

Paul Coggle was Senior Lecturer in German at the University of Kent, where he taught German at all levels. He has co-authored a number of German courses, including *Teach Yourself German* and *Improve your German*. He was Course Consultant for the BBC course *Deutsch Plus 2* and assisted the Language Centre, University of Cambridge in the development of multi-media German language materials.

Study Programme

Activity instructions

These expressions are used frequently in the instructions to the activities in *Willkommen!* You will soon get to know them all as you work through the book, but we have listed them all here so you can quickly refer back if you need to.

Beantworten Sie (die Fragen).	*Answer (the questions).*
Ergänzen Sie.	*Complete.*
Fragen Sie Ihren Partner.	*Ask your partner.*
Hören Sie (zu).	*Listen.*
Korrigieren Sie die falschen Aussagen.	*Correct the wrong statements.*
Lesen Sie (den Text).	*Read (the text).*
Ordnen Sie zu.	*Match up.*
Schreiben Sie (mehr Beispiele).	*Write (more examples).*
Setzen Sie (die fehlenden Wörter) ein.	*Fill in (the missing words).*
Üben Sie.	*Practise.*
Und jetzt Sie!	*And now you!*

- Greetings and farewells
- Saying who you are
- Saying where you come from and where you live

■ Numbers 0–10
■ The alphabet
■ Forming questions
■ Verb endings (ich, du, Sie)

A | Guten Tag
Hello

ÜBUNG
1

Hören Sie zu!
Listen.

Listen to how these people introduce themselves.

In the boxes, write down the order in which these people speak.

a) Guten Tag. Mein Name ist Juliana Peters. ☐
b) Guten Tag. Mein Name ist Heinz Fuhrmann. ☐
c) Hallo. Ich heiße Nicolai. ☐
d) Guten Tag. Ich heiße Anna Miell. ☐

Did you notice the different ways they give their names?

ÜBUNG
2

Und jetzt Sie!
And now it's your turn!

Ich heiße ... / Mein Name ist ...
Now introduce yourselves in turn to the rest of the group.

V O K A B E L N

Mein Name ist ...	My name is ...
Ich heiße ...	I am called ... (lit.)*
Guten Tag.	Good day. (lit.)*
Hallo.	Hello.

* A literal translation (lit.) of the German is sometimes given to help you understand what the German actually says. But don't always think in terms of single-word translations: try to learn to use complete expressions.

1.3

Hören Sie zu!
Listen!

Which of these short dialogues are formal and which are informal? The answers are in your support book.

– Guten Tag. Wie heißen **Sie**?
– Ich heiße Bettina Oppermann.

– Wie ist **Ihr** Name, bitte?
– Mein Name ist Peter Maier.

– Wie ist **dein** Name, bitte?
– Mein Name ist Nadine Werner.

– Hallo. Wie heißt **du**?
– Ich heiße Alexander.

Deutschland-Info

DU OR *SIE*? THAT IS THE QUESTION!

Use **Sie** with people you are not particularly close to.
Sie is spelt with a capital **S** wherever it comes in the sentence.
You can use **Sie** to address one or more persons.

Use **du** to a person you feel close to, and to a child or a pet.
du is also used among young people and students.
du can only be used to address one person. (There is yet another word for addressing more than one person. You'll meet this later in the book.)

When you are not sure, use **Sie**.

In everyday situations where English speakers might immediately adopt first-name terms, many German speakers tend to prefer a certain degree of formality. For instance, work colleagues often call each other '**Herr X**' or '**Frau Y**' and use the **Sie**-form to each other.

Formal or informal?

a) _____

b) _____

c) _____

d) _____

VOKABELN

Wie heißen Sie?	
Wie heißt du?	*What are you called?*
Wie ist Ihr Name?	
Wie ist dein Name?	*What is your name?*
bitte	*please*
Ich heiße ...	*I am called ...*
Mein Name ist ...	*My name is ...*

4

Und jetzt Sie!
And now it's your turn!

Form groups and introduce yourselves. Ask your partners for their names. Decide whether the Sie-form or the du-form is appropriate for the members of your class.

Wie heißt du?

Ich heiße ...

Wie ist dein Name?

Mein Name ist ...

Wie heißen Sie?

Wie ist Ihr Name?

5

Du oder Sie?

How would you ask these people for their names? Use heißen *and either* Sie *or* du. *You can check your answers with the support book.*

a) _____ Tag. Wie _____ _____, bitte?
b) _____ _____ . Wie _____ _____ ?
c) _____ . Wie _____ _____ ?
d) _____ . _____ _____ _____ ?

6

Ein Unfall
An accident

Hören Sie zu!
Listen. Make a note of the names of the driver and the two witnesses.

B | Begrüßungen
Greetings

Guten Tag! Guten Morgen!

Hören Sie zu und wiederholen Sie!

Listen and repeat!

Guten Morgen!

Hallo!
Grüß dich!
*(informal, **du**-form)*

Guten Tag!

Auf Wiedersehen!
Tschüss!
(informal)

Guten Abend!

Note that there is no German equivalent of 'good afternoon'.

Gute Nacht!

Guten Abend! Gute Nacht!

Which greetings or farewells go with which picture?

a   b   c   d

1   Gute Nacht! – Auf Wiedersehen!
2   Hallo, Birgit! – Grüß dich, Markus!

3   Guten Abend! – Guten Abend!
4   Tschüss, Birgit! – Tschüss, Markus!

Grüße im Radio und Fernsehen
Greetings on radio and TV

Hören Sie zu!
Listen.

How many different greetings did you hear? What were they?

Guten Abend, meine Damen und Herren.

Guten Morgen, liebe Zuhörer.

Deutschland-Info

CUSTOMS AND TRADITIONS

Germans often shake hands when they meet and when they say goodbye. They also often give their surname only when they introduce themselves or answer the phone.

Nouns

All nouns, or naming words, begin with a capital letter in German:

Guten **T**ag.
Guten **M**orgen.
Guten **A**bend.
Gute **N**acht.
Mein **N**ame ist Claudia.

Why is it Gut**en** Tag *but* Gut**e** Nacht?
This will be dealt with a bit later!

The courtesy titles **Herr** ... and **Frau** ... are used rather like *Mr* ... and *Mrs* ... in English, but the word **Fräulein** is nowadays far less frequently used in German than the English word *Miss*. Women over 18 are normally referred to as **Frau** ... irrespective of whether they are married or not.

C | Zahlen 0–10

Numbers

ÜBUNG
10

1.7

Hören Sie zu und wiederholen Sie!
Listen and repeat.

Das ist die Weltzeituhr in Berlin.

0	null	6	sechs
1	eins	7	sieben
2	zwei	8	acht
3	drei	9	neun
4	vier	10	zehn
5	fünf		

ÜBUNG
11

1.8

Telefon-, Handynummern, usw.
Telephone, mobile numbers, etc.

Hören Sie zu und lesen Sie!
Listen and read.

World clock in Alexanderplatz, Berlin

To get used to German numbers, practise your own telephone number (real or imaginary!).

Und jetzt Sie. Fragen Sie andere Leute.
And now it's your turn. Ask other people.

You – formal / informal

- *formal,* **Sie**-form

Wie ist **Ihre** Telefonnummer?	*What is your telephone number?*
Wie ist **Ihre** Handynummer?	*What is your mobile number?*

- *informal,* **du**-form

Wie ist **deine** Telefonnummer?	*What is your telephone number?*
Wie ist **deine** Handynummer?	*What is your mobile number?*

Meine Telefonnummer ist ...	*My telephone number is ...*
Meine Handynummer ist ...	*My mobile number is ...*

ÜBUNG 12

Fußballbundesliga
Federal German soccer league

Hören Sie zu!

Listen to the audio and fill in the results of each match.

*Note that Germans often use **zu** (lit. to) when referring to results and scores:*

FC Kaiserslautern – Hamburger SV: 2 zu 1.

FC Kaiserslautern	:	Hamburger SV
SC Freiburg	:	VFL Bochum
Borussia Dortmund	:	Bayern München
Arminia Bielefeld	:	FSV Mainz 05
Bayer Leverkusen	:	1.FC Nürnberg
Hertha BSC Berlin	:	VFB Stuttgart
Hansa Rostock	:	VFL Wolfsburg
Schalke 04	:	Bor. Mönchengladbach
Werder Bremen	:	Hannover 96

D | Das Alphabet
The alphabet

ÜBUNG 13

Jakob lernt das Alphabet.
Jakob is learning the alphabet.

Hören Sie zu!
Listen!

> **TIPP**
> Note how you pronounce A, E and I in German: A as in **A**frika; E as in **E**lefant; I as in **I**srael
> Don't mix them up with the English letters!

A-B-C D-E-F G-H-I J-K-L

M-N-O P-Q-R S-T-U V-W-X Y-Z

ÜBUNG 14

Wer ist da?
Who has arrived?

Listen to these people checking in at a conference and tick off the names as they arrive.

Die Umlaute und scharfes s
The umlauts and sharp s

Umlaute: Ä Ö Ü
ß (sz, or scharfes s sharp s)

. . . .
Krischer, Markus ☐
Lorch, Peter ☐
Martin, Susanne ☐
Paulsen, Hermann ☐
Renke, Michael ☐
Retzlaff, Bettina ☐
Schidelowskaja, Tanja ☐
Walz, Georg . . . . ☐

15

Welche Firmennamen hören Sie?
Which company names can you hear?

Hören Sie zu!

*Listen to this radio excerpt from a stock exchange report.
Which of the companies whose logos appear below are
mentioned?*

ÜBUNG

16

Wie schreibt man Ihren Namen?
How do you spell your name?

Work in pairs and ask for each other's names and how to spell them.

Beispiel 1
– Wie ist Ihr Name?
– Franks, Karen Franks.
– Und wie schreibt man das?
– F-R-A–N–K-S.

Beispiel 2
– Wie heißt du?
– Worth, Michael Worth.
– Und wie schreibt man das?
– W-O-R-T-H.

ÜBUNG

17

Wettbewerb
Competition

Wer findet das längste Wort?
Who can find the longest word?

*Take turns, working in pairs to see who can find the longest
word (excluding names) which has so far appeared in the
coursebook. Your partner must check that you have spelt the
word correctly. One point is awarded for each correct letter.*

*Now take turns to practise spelling more words from
Lektion 1. Your partner will tell you which words to spell!*

Nützlicher Ausdruck

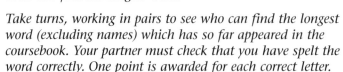

Bitte buchstabieren Sie!
Please spell!

E | Woher kommen Sie? Wo wohnen Sie?

Ich komme aus ... Ich wohne in ...

Hören Sie zu!

*Listen to these people introducing themselves.
Where do they all come from?*

Ich heiße Gediz Yalman.
Ich komme aus der Türkei,
aus Istanbul. Ich wohne
jetzt in Bremen.

Ich heiße Corinne
Martine. Ich komme aus
Frankreich, aus Toulon.
Ich wohne in Hamburg.

Mein Name ist Elmar
Schmeichel. Ich komme
aus Kopenhagen in
Dänemark, aber ich
wohne jetzt in Berlin.

Länder
Countries

Ich heiße Elisabeth
Fuhrmann. Ich komme
aus Wien in Österreich.
Ich wohne jetzt in
Hannover.

Ich komme aus:
Deutschland
Frankreich
Spanien
Italien
Griechenland
Polen

Großbritannien
England
Wales
Schottland
Irland

*For a map of Europe and more countries look
at Lektion 2, pages 28–9.*

VOKABELN	
Ich komme aus ...	I come from ...
Ich wohne in ...	I live in ...
... aus der Türkei	... from Turkey.
aber	but
jetzt	now

* For Turkey the word for 'the' (**der**) is
needed too.

ÜBUNG 20

Und jetzt Sie!
And now it's your turn!

Woher kommen Sie?
Say where you come from and where you live.

ÜBUNG 21

1.14

Auf dem Ku'damm
On the Kurfürstendamm

Hören Sie zu und lesen Sie!

The Ku'damm is one of the most famous streets in Berlin, where people from all over the world meet. With the help of a reporter from a German TV channel find out their names, where they come from and where they live.

Interview 1

Reporter	Entschuldigen Sie, bitte. Ich bin vom Fernsehen. Darf ich Ihnen ein paar Fragen stellen?
Passant	Ja, bitte.
Reporter	Wie heißen Sie?
Passant	Ich heiße Gerd Koch.
Reporter	Und woher kommen Sie?
Passant	Ich komme aus Bonn.
Reporter	Wo wohnen Sie jetzt, bitte?
Passant	Ich wohne jetzt in Köln.

Interview 2

Reporter	Wie heißt du, bitte?
Passantin	Ich heiße Eva.
Reporter	Ah. Und woher kommst du Eva?
Passantin	Ich komme aus München.
Reporter	Und wo wohnst du?
Passantin	Ich wohne jetzt in Berlin. Ist doch klar!

VOKABELN

wo?	*where?*
woher?	*where ... from?*
Woher kommen Sie?	*Where do you come from?*
Wo wohnen Sie?	*Where do you live?*
Woher kommst du?	*Where do you come from?*
Wo wohnst du?	*Where do you live?*
Entschuldigen Sie	*excuse (me)*
Ich bin vom Fernsehen	*I'm from television*
Darf ich Ihnen ein paar Fragen stellen?	*May I ask you a few questions?*
Ist doch klar!	*That's obvious, isn't it!*

Hören Sie noch einmal zu! *Now listen to the recording again!*

Fill in the grid as you listen. Try not to look at the text.

NAME	GEBURTSORT	WOHNORT
Ich heiße ...	Ich komme aus ...	Ich wohne in ...
1		
2		

22

Und jetzt Sie. Fragen Sie in der Klasse! *And now it's your turn. Ask around the class.*

Make a list using these headings: Name / Geburtsort / Wohnort / Telefonnummer / Handynummer / E-Mail-Adresse. *To ask someone's e-mail address you say:* Wie ist Ihre/deine E-Mail-Adresse?

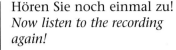

V O K A B E L N

Geburtsort — *place of birth*
Wohnort — *place of residence*

23

Partner A – Diese Seite (*this page*)
Partner B – Seite 243 (*page 243*)

Partner A: *Choose one of the cards below* (Visitenkarten) *and introduce yourself. Ask for the name of your partner. Ask him or her to spell his or her name. Write the name down and check it later. Repeat the game with another card.*

Beispiel
A: Ich heiße Matthias Peters.
   Wie heißen Sie, bitte?
B: Ich heiße ...
A: Wie schreibt man das? Bitte buchstabieren Sie.
B: ...

Antiquitäten Center
Marienstraße 21
44000 Münster

DOROTHEA JOHANNSEN
Art Deco, Art Nouveau

Telefon 02 51 / 51 43 85
Handy 0177 462 2751

Δ Delta Software GmbH

Matthias Peters
Marketing

Burchardstraße 34 20095 Hamburg
Telefon 040-300526 Fax 040-376284
Mobil 0152 772 0965
Email m.peters@delta.com

TIPPS ZUR AUSSPRACHE

Hören Sie zu und sprechen Sie nach!

ei *in German is pronounced like the English letter* **i**: B**ei**spiel, h**ei**ßen, **Ei**nstein, W**ei**n.
ie *is pronounced like the English letter* **e**: D**ie**trich, S**ie**, W**ie**n (*Vienna*).

Beispiel
Ich trinke Wein in Wien. *I drink wine in Vienna.*

☺ *How are these words pronounced?* eins, sieben, drei, zwei, wie, dein

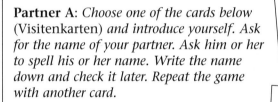

Druckhaus Europa
Jenaerstraße 18
07545 Gera   Telefon 0365 / 617384
Handy +49 161 963 7105
http://www.druckhauseuropa.de

Hartmut Klausthaler
Geschäftsführer
Zeitschriften, Kataloge, Plakate, Bücher,
Broschüren, Werbeprospekte

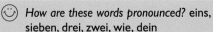
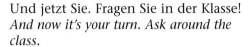

Grammatik
Grammar

Statements

In a German sentence the verb is usually the second item.

Ich	heiße	Jörg.
Mein Name	ist	Claudia.
Das	ist	Michael.

Wh- questions

Wie	heißen	Sie?
Wo	wohnst	du?
Woher	kommen	Sie?

Verb endings

A *verb* normally expresses an action or state. **Heißen, kommen** and **wohnen** are verbs you have met in this unit. The form of the verb that you find in a dictionary or glossary is called the *infinitive*: **wohnen** (*to live*).

The infinitive can be divided into two parts: **wohn-** the *stem* and **-en** the *ending*. The endings change according to the subject used (i.e. **ich, du, Sie,** etc).
For most verbs the endings you add are:

		wohn-en	**komm-en**	**heiß-en**
ich	-e	wohne	komme	heiße
du	-st	wohnst	kommst	heißt (ß doesn't need another s)
Sie	-en	wohnen	kommen	heißen

My, your (formal), your (informal)   Mein, Ihr, dein
Words like **mein** (*my*), **dein** (*your*) and **Ihr** (*your*) are called *possessive adjectives*.

Sie	**du**
Wie ist **Ihr** Name?	Wie ist **dein** Name?
Wie ist **Ihre** Telefonnummer?	Wie ist **deine** Telefonnummer?

The reason for the **-e** on **deine** and **Ihre** when used with **Telefonnummer** or **Handynummer** is that these nouns are feminine. (The genders in German will be explained later in Lektion 3 and Lektion 4.)

Mehr Übungen ...

More practice ...

1 Wo, woher *or* wie?

a) _____ heißen Sie?
b) _____ wohnst du?
c) _____ kommen Sie?
d) _____ ist deine Telefonnummer?
e) _____ schreibt man das?
f) _____ kommst du?

2 -e, -st *or* -en?

a) Ich heiß... Simone. Wie heiß... du?
b) Ich wohn... in Berlin. Wo wohn... du?
c) Ich komm... aus Großbritannien. Woher komm... Sie?
d) Ich heiß... Hartmann. Wie heiß... Sie?
e) Ich trink... Wein in Wien.

3 Welche Antwort passt?
Which answer fits?

a) Guten Morgen, Herr Becker!
  1 Hallo! Wie heißt du?
  2 Guten Morgen, Frau Mönch!
  3 Grüß dich! Ich heiße Susanne.

b) Hallo! Mein Name ist Klaus. Wie heißt du?
  1 Grüß dich! Ich heiße Bernd.
  2 Guten Abend! Wie heißen Sie?
  3 Mein Name ist Herr Gruber.

c) Guten Abend! Wie ist Ihr Name, bitte?
  1 Das ist Anke.
  2 Guten Tag! Ich heiße Michael.
  3 Mein Name ist Schmidt – Hans Schmidt.

d) Auf Wiedersehen und gute Nacht, Frau Renke!
  1 Tschüss, Paul!
  2 Gute Nacht, Herr Müller!
  3 Tschüss, Stefan!

4 Was kann man auch sagen?
What can you say instead?

Match the sentences in Teil A with their near equivalents in Teil B.

Teil A	Teil B
a) Wie heißt du?	1 Wie ist Ihr Name?
b) Heißt du Klaus?	2 Mein Name ist Klaus.
c) Wie heißen Sie?	3 Und Ihr Name ist Klaus?
d) Ich heiße Klaus.	4 Ist dein Name Klaus?
e) Und Sie heißen Klaus?	5 Wie ist dein Name?

5   Welche Worte fehlen?
    Which words are missing?

    Here is the dialogue from Übung 6 with some of the words missing. Working in groups of four, act out the dialogue and supply the missing words.

Polizist	Wie a) _____ Sie, bitte?
Ältere Dame	Ich b) _____ Emma Klein.
Polizist	Klein, Emma. Und Sie? Wie ist c) _____ Name?
Fahrer	d) _____ Name ist Schwarz, Martin Schwarz.
Polizist	Schwarz, Martin. Und du? e) _____ heißt du?
Junge	f) _____ heiße Sander Schmidt.
Polizist	Schmidt, Sander.

6   *Can you say these sentences correctly? Listen to the audio to check your pronunciation. Pay special attention to **ie** and **ei**.*

    a) **Wie heißt sie?** Heike oder Helga?
    b) **Wie schreibt** man **deinen** Namen?
    c) Ich **heiße Heinz Dietrich.**
    d) **Heinrich Schmeichel** wohnt in **Heidelberg.**
    e) **Wien liegt** in Österreich und nicht in der Schweiz.

    Now you have completed Lektion 1, can you:

    tick

    1   greet someone formally or informally? ☐
        See pages 9–10.
    2   say what your name is and ask someone else for their name? ☐
        See pages 10–11.
    3   say goodbye? ☐
        See page 12.
    4   count from zero to ten? ☐
        See pages 14–15.
    5   spell your name in German? ☐
        See pages 15–16.
    6   say where you come from and where you live? ☐
        See pages 17–18.

Congratulations, you have reached the end of Lektion 1. Now check through the vocabulary and phrases to make sure you know them all.

Checkliste

Was haben Sie gelernt?
What have you learned?

BEGRÜSSUNGEN UND ABSCHIEDE	*Greetings and farewells*
Hallo	*hello (informal)*
Grüß dich	*hi, hello (informal)*
Guten Tag	*good day (includes good afternoon)*
Guten Morgen	*good morning*
Guten Abend	*good evening*
Gute Nacht	*good night*
Auf Wiedersehen	*goodbye*
Tschüss!	*bye!*

PERSONAL-PRONOMEN	*Personal pronouns*
ich	*I*
du	*you (informal)*
Sie	*you (formal)*
man	*one*

FRAGEN	*Questions*
Wie heißen Sie?	*What are you called? (formal)*
Wie heißt du?	*What are you called? (informal)*
Wie ist Ihr Name?	*What is your name? (formal)*
Wie ist dein Name?	*What is your name? (informal)*
Mein Name ist ...	*My name is ...*
Woher kommen Sie?	*Where do you come from? (formal)*
Wo wohnst du?	*Where do you live? (informal)*
Wie ist Ihre Telefonnummer?	*What is your telephone number? (formal)*
Wie ist Ihre Handynummer?	*What is your mobile number? (formal)*
Wie ist deine E-Mail-Adresse?	*What is your e-mail address? (informal)*
Wie schreibt man das?	*How do you write that?*

VERBEN	*Verbs*
buchstabieren	*to spell*
entschuldigen	*to excuse*
heißen	*to be called*
kommen	*to come*
schreiben	*to write*
wohnen	*to live*

NÜTZLICHE AUSDRÜCKE	*Useful expressions*
aber	*but*
bitte	*please*
jetzt	*now*
in	*in*
aus	*from (countries and towns)*

NOMEN	*Nouns*
E-Mail-Adresse	*E-mail address*
Faxnummer	*fax number*
Frau	*Mrs*
Fräulein	*Miss*
Fußballbundesliga	*Federal football league*
Geburtsort	*place of birth*
Handynummer	*mobile number*
Herr	*Mr*
Name	*name*
Telefonnummer	*telephone number*
Visitenkarte	*(business / visiting) card*
Wohnort	*place of residence*
Zahlen 0–10	*numbers 0–10*

Sprechen Sie Deutsch?

- Saying how you are
- Talking about nationality and languages
- Talking about personal details

- Numbers 11–100
- Personal pronouns
- Yes-no questions
- Using nicht
- Verb endings (er, sie, es)

A | Wie geht es Ihnen?

How are you?

ÜBUNG 1

1.18

Hören Sie zu!
How are these people feeling?

a

– Guten Tag, Frau Schmidt. Wie geht es Ihnen?
– Gut, danke. Und Ihnen?
– Sehr gut, danke.
– Das freut mich.

b

– Hallo Gaby. Wie geht es dir?
– Prima, danke. Und dir?
– Es geht.

c

– Guten Abend, Herr König. Wie geht's?
– Ausgezeichnet. Vielen Dank. Und Ihnen?
– Ganz gut.

ÜBUNG 2

Wie geht's

Look at the range of ways of saying how you feel.

	V O K A B E L N	
Sie	Wie geht es **Ihnen**?	} *How are you?*
Du	Wie geht es **dir**?	*(lit. How goes*
Sie/du	Wie geht's?	*it to you?)*
Das freut mich.	*I am pleased.*	

sehr gut   **gut**   **ganz gut**   **es geht**   **nicht (so) gut**   **schlecht**

ÜBUNG
3

Im Café
In the café

Hören Sie zu!

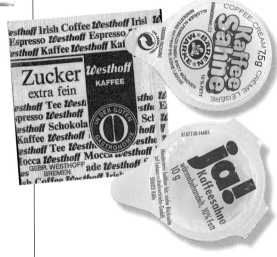

Wie geht's?

Which three of these six responses did you hear in the recording and in what order?

a) Danke, gut.
b) Ach, es geht.
c) Mir geht's wirklich sehr gut.
d) Mir geht's heute wirklich schlecht.
e) Mir geht's heute nicht so gut.
f) Nicht schlecht. Und dir?

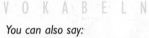

You can also say:
Mir geht es gut.   *I am fine.*
Mir geht's gut.   *I'm fine.*

wirklich   *really*
heute   *today*

ÜBUNG
4

Wie geht es diesen Leuten?
How are these people?

Take it in turns to ask these people how they are and to answer for them.

Und wie geht's Ihnen?

Greet each other around the class and enquire how people are.

Wie geht's dir heute?

Und dir?

UND IHNEN?

Wie geht es Ihnen?

Nicht so gut.

Danke, gut.

Mir geht's heute schlecht.

Es geht.

Wortsuche
Word search

How many words can you find? They have all occurred in Lektion 1 or Lektion 2. You should be able to find at least 15.

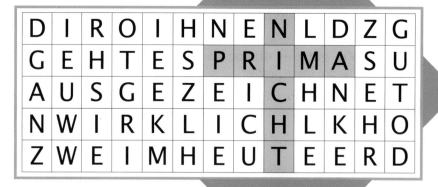

D	I	R	O	I	H	N	E	N	L	D	Z	G
G	E	H	T	E	S	P	R	I	M	A	S	U
A	U	S	G	E	Z	E	I	C	H	N	E	T
N	W	I	R	K	L	I	C	H	L	K	H	O
Z	W	E	I	M	H	E	U	T	E	E	R	D

B | Sie kommt aus ...? Wo liegt ...?

She comes from ...? Where is ...?

Lesen und Lernen
Reading and learning

Woher kommen die Leute? Wo wohnen die Leute?

a Harald Zvornak kommt aus Berlin. Aber er wohnt nicht mehr in Berlin.
Er wohnt jetzt in Frankfurt am Main. Frankfurt ist in Deutschland.

b Maria Schott kommt aus Basel. Sie wohnt noch in Basel.
Basel liegt nicht in Deutschland, sondern in der Schweiz.

c Marianne Eberle kommt aus Brüssel in Belgien. Sie wohnt aber nicht mehr dort.
Sie ist jetzt Empfangsdame im Hotel Lindenhof in Düsseldorf.

d Martin Trautmann kommt aus Dresden. Er wohnt jetzt in Salzburg.
Liegt Salzburg in der Schweiz? Nein! Es ist in Österreich und es ist sehr schön.

VOKABELN

nicht mehr	no longer (lit. not more)
am Main	on the (river) Main
nicht ..., sondern ...	not ..., but ...
in der Schweiz	in Switzerland
schön	beautiful, nice
noch	still
liegen	to lie, be
dort	there

3rd person verbs ending / singular

For the 3rd person singular – **er** *(he),* **sie** *(she),* **es** *(it),* **man** *(one) – you add a* **-t** *to the stem of the verb:*

er	komm **-t**	sie	wohn **-t**	es	lieg **-t**	man	buchstabier **-t**

man *is used more frequently in German than 'one' in English.*

The verb **sein** *(to be) does not follow this pattern. It is irregular.*

Ich	**bin**	Martin Trautmann.	*I am Martin Trautmann.*
Du	**bist**	Kurt Feldmann?	*You (informal) are Kurt Feldmann?*
Sie	**sind**	Karin Wiener?	*You (formal) are Karin Wiener?*
Er/Sie	**ist**	aus Brüssel.	*He/She is from Brussels.*

Wie gut sind Sie in Geographie?
How good is your geography?

Richtig oder falsch?
True or false?

Decide whether these statements are true or false. Correct the false statements.

Beispiel

Freiburg liegt in der Schweiz.
Falsch! Freiburg liegt nicht in der Schweiz. Es liegt in Deutschland.

oder   Falsch! Freiburg liegt nicht in der Schweiz, sondern in Deutschland.

Beispiel

Wien liegt in Österreich.
Richtig! Wien liegt in Österreich.

Place names

Some place names are spelt the same in both English and German, but are pronounced differently: e.g. London, Paris, Frankfurt and Berlin.

Others are different in German from their English versions:

Köln (*Cologne*)   München (*Munich*)
Wien (*Vienna*)   Braunschweig (*Brunswick*)

Using *nicht*

Nicht *is used to negate individual items or whole sentences:*
Wie geht's? **Nicht** schlecht.
Freiburg liegt **nicht** in der Schweiz.

	Richtig	Falsch
a) Zürich liegt in der Schweiz.	☐	☐
b) Heidelberg liegt in Österreich.	☐	☐
c) Köln ist in Belgien.	☐	☐
d) Salzburg liegt in Deutschland.	☐	☐
e) Bonn ist in Deutschland.	☐	☐

Einige Länder Europas
Some countries of Europe

Hören Sie zu und sprechen Sie nach!
Listen and repeat.

Underline the stressed syllable.

Beispiel
Deutsch<u>land</u>

Which syllable is most often stressed?

die Schweiz, **die** Türkei
but Ich wohne in **der** Schweiz, in **der** Türkei.
and Ich komme aus **der** Schweiz, aus **der** Türkei.

die Niederlande
but Ich wohne in **den** Niederlanden.
and Ich komme aus **den** Niederlanden.

This will be explained later.

Belgien	Irland	Schweden
Dänemark	Italien	die Schweiz
Deutschland	die Niederlande	Spanien
Frankreich	Österreich	die Tschechische Republik
Griechenland	Polen	die Türkei
Großbritannien	Portugal	Ungarn

Die Länder Europas

Say what countries the numbers on the map represent.

Beispiel
Nummer 1 ist Deutschland.

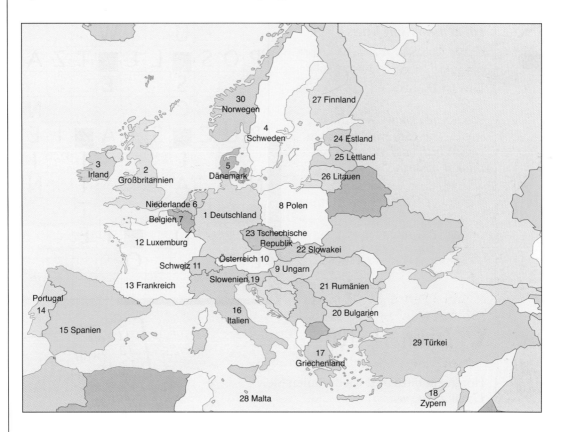

30 Norwegen
27 Finnland
4 Schweden
24 Estland
25 Lettland
3 Irland
2 Großbritannien
5 Dänemark
26 Litauen
Niederlande 6
8 Polen
Belgien 7
1 Deutschland
12 Luxemburg
23 Tschechische Republik
22 Slowakei
Österreich 10
9 Ungarn
Schweiz 11
13 Frankreich
Slowenien 19
21 Rumänien
Portugal 14
16 Italien
20 Bulgarien
15 Spanien
29 Türkei
17 Griechenland
28 Malta
18 Zypern

ÜBUNG
10

Wer kommt woher? Wer wohnt wo?

Divide the class into teams. Think of some famous people. You must know where they come from and where they now live! Tell the others the person's name. If they can say in German where he or she comes from and where he or she now lives, they get two points. If they fail to answer correctly, they lose two points.

Beispiele
Mannschaft 1: (*Team 1*): Die Person heißt Naomi
         Campbell.
Mannschaft 2: Naomi Campbell kommt aus England.
         (Richtig = 1 Punkt)
         Sie wohnt noch in England.
         (Richtig = 1 Punkt)

Mannschaft 1: Die Person heißt Boris Becker.
Mannschaft 2: Boris Becker kommt aus Österreich.
         (Falsch = 0 Punkt)
         Er wohnt jetzt in ..., usw.

- usw. = und so weiter
  (*and so on*)
- aus **den** USA / aus **den**
  Vereinigten Staaten

ÜBUNG
11

Welche Buchstaben fehlen?

What letters are missing?

Fill in the missing letters.

Beispiel
Eins ist D... usw.

You already know 14 of these words. The 15th word is new to you. Which one? What do you think it means?

W	I	E	■	E	R	S	■	H	E	N
O		E				R		A		
		U			W			C		
P	O	S	■	L	E	■	T	Z	A	■	L
		S			E			T		
		C				N				
B	U	C	■	S	T	A	■	I	E	R	■
		L			I		I			S
N		A			T		N			C
■	B	E	■	D		T				H
M		D		■	I	E				Ü
E				O						S
										S

C | Zahlen 11–100

ÜBUNG
12

1.21

Hören Sie bitte und wiederholen Sie.
Listen and repeat.

How do you think you say 38, 42, 63, 81 and 99 in German? The answer is on the recording!

Now ask each other around the class about your house or room number, your post code, your mobile and your phone number.

Wie ist Ihre Haus- oder Zimmernummer?
Wie ist Ihre Postleitzahl?
Wie ist Ihre Handynummer?
Wie ist Ihre Telefonnummer?

Wie ist deine Haus- oder Zimmernummer?
Wie ist deine Postleitzahl?
Wie ist deine Handynummer?
Wie ist deine Telefonnummer?

32: zweiunddreißig	98: achtundneunzig
71: einundsiebzig	

* Numbers in German are written as *one* word. German speakers don't seem to mind long words, as you will discover!

11	elf
12	zwölf
13	dreizehn
14	vierzehn
15	fünfzehn
16	sechzehn
17	siebzehn
18	achtzehn
19	neunzehn
20	zwanzig
21	einundzwanzig
22	zweiundzwanzig
23	dreiundzwanzig
24	vierundzwanzig
25	fünfundzwanzig
26	sechsundzwanzig
27	siebenundzwanzig
28	achtundzwanzig
29	neunundzwanzig
30	dreißig
40	vierzig
50	fünfzig
60	sechzig
70	siebzig
80	achtzig
90	neunzig
100	(ein)hundert

Die Lottozahlen
The national lottery numbers

Hören Sie bitte zu!

Choose six numbers. You will then hear a recording from a German draw. Fill in the numbers in the circles below as they are read out and see if you have won.

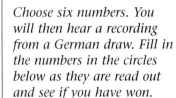

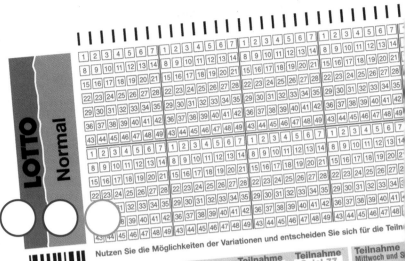

In the Spiel 77 and in the Lotterie Super 6 you will have two more chances to win. Write down the numbers you hear.

Warum spielen wir nicht Lotto?
Why don't we play lotto?

Choose six other numbers, read them aloud. Then have a draw in the classroom. Find out if you have a new millionaire among you!

Anrufe bei der Auskunft
Calling directory enquiries

Welche Namen und Telefonnummern hören Sie?
What names and phone numbers can you hear?

a) Name: _____
   Telefonnummer: _____

b) Name: _____
   Telefonnummer: _____,_____

c) Name: _____
   Telefonnummer: _____

d) Name: _____
   Telefonnummer: _____

Swapping phone numbers

Here's another way of asking for and giving telephone and mobile numbers:

Welche Telefonnummer haben Sie?
Ich habe die Telefonnummer 562 82 91.

fünf-sechs-zwei – zweiundachtzig – einundneunzig

Welche Handynummer hast du?
Ich habe die Handynummer 07586 497531.

null-sieben-fünf-acht-sechs
neunundvierzig – fünfundsiebzig – einunddreißig

You can give numbers individually: 562 fünf-sechs-zwei or in pairs: 82 zweiundachtzig.
You need to be familiar with both forms.

ÜBUNG 16

Mehr Telefonnummern
More phone numbers

Und jetzt Sie. Fragen Sie!

Work in pairs and practise more phone numbers.

Partner A
74 55 38
21 48 62
432 72 53
86 48 82

Partner B's numbers are in the Partner B Section on page 243.

D | Ich spreche Deutsch
I speak German

ÜBUNG 17

Ein Abendkurs
An evening course

Hören Sie zu!

These people are introducing themselves to their fellow course-members.

Listen to the recording, answer the true/false questions. Then read the text and check your answers.

Deutschland-Info

VOLKSHOCHSCHULEN

Volkshochschulen, or **VHS**, are adult education institutions and are usually run by local authorities. They offer a wide range of evening classes and residential courses.

Certificates are awarded in some subjects, such as languages, maths, science and technology. Approximately six million people attend around half a million courses every year.

Richtig oder falsch?

	Richtig	Falsch
1 Gerhard Langer kommt aus Hamburg.	☐	☐
2 Er kann sehr gut Russisch.	☐	☐
3 Susi Renger ist aus der Schweiz.	☐	☐
4 Sie arbeitet nicht weit von Hamburg.	☐	☐
5 Mehmet kommt aus Berlin.	☐	☐
6 Er studiert im Moment.	☐	☐
7 Leni Hochstädter kommt aus Österreich.	☐	☐
8 Sie versteht ein bisschen Spanisch.	☐	☐

VOKABELN

Deutscher	(a) German (male)
ich spreche ...	I speak ...
Deutsch	German (the language)
ich kann ...	I can (speak) ...
auch	also
Russisch	Russian (the language)
verheiratet	married
pensioniert	retired

Guten Abend! Mein Name ist Gerhard Langer und ich bin Deutscher.

Ich komme aus Leipzig, aber ich wohne jetzt hier in Hamburg.

Ich spreche Deutsch und ich kann auch sehr gut Russisch.

Ich bin verheiratet und ich bin pensioniert.

Hallo! Ich heiße Susi Renger und bin Deutsche.

Ich komme aus Hamburg.

Ich spreche natürlich Deutsch und auch ein wenig Französisch.

Ich arbeite in Pinneberg, nicht weit von Hamburg.

VOKABELN

Deutsche	(a) German (female)
natürlich	of course
ein wenig	a little
Französisch	French (the language)
ich arbeite in ...	I work in ...
nicht weit von	not far from

Hallo! Mein Name ist Mehmet Gunesay.

Ich bin Türke und komme aus Berlin.

Ich wohne jetzt in der Nähe von Hamburg, in Elmshorn.

Ich spreche Türkisch, Deutsch und ziemlich gut Englisch.

Ich bin ledig.

Ich studiere in Hamburg.

VOKABELN

Türke	(a) Turk (male)
in der Nähe von	near
ziemlich gut	fairly well
Englisch	English (the language)
ledig	single, unmarried
ich studiere ...	I am studying ...

V O K A B E L N

Österreicherin	*(an) Austrian* (female)
ich verstehe	*I understand*
ein bisschen	*a bit (of)*
Spanisch	*Spanish* (the language)
seit zwei Jahren	*for* (lit. *since*) *two years*
zur Zeit	*at the moment*

Ich heiße Leni Hochstädter und bin Österreicherin.

Ich komme aus Salzburg, wohne aber jetzt in Norderstedt, hier in der Nähe von Hamburg.

Ich spreche Deutsch und Englisch und ich verstehe ein bisschen Spanisch.

Ich bin seit zwei Jahren verheiratet und arbeite zur Zeit hier in Hamburg.

MALE PERSON	FEMALE PERSON	SPRACHE
Ich bin **Deutscher**.	Ich bin **Deutsche**.	Deutsch
Er ist **Engländer**.	Sie ist **Engländerin**.	Englisch
Bist du **Amerikaner**?	Bist du **Amerikanerin**?	Englisch
David ist **Waliser**.	Sîan ist **Waliserin**.	Englisch/Walisisch
Mehmet ist **Türke**.	Yildiz ist **Türkin**.	Türkisch
Iain ist **Schotte**.	Una ist **Schottin**.	Englisch/Gälisch
Padraig ist **Ire**.	Maire ist **Irin**.	Englisch/Irisch-Gälisch

ÜBUNG

18

Wer ist das?
Who is that?

Match the descriptions with the four people in the Hamburg evening class (Übung 17).

Beispiel
Er ist ledig und studiert in Hamburg.
– Das ist Mehmet Gunesay.

a) Sie ist Österreicherin und kommt aus Salzburg.

b) Er kommt aus Berlin und wohnt jetzt in Elmshorn.

c) Er ist Deutscher und kommt aus Leipzig.

d) Sie spricht ein bisschen Spanisch.

e) Sie spricht ein wenig Französisch und arbeitet in Pinneberg.

f) Er spricht Türkisch und kann auch ziemlich gut Englisch.

g) Er ist pensioniert und spricht sehr gut Russisch.

ÜBUNG

19

Was ist hier falsch?
What is wrong here?

Gerhard Langer is telling a few fibs at his evening class. How many false statements does he make?

*Fill in Gerhard's details as he claims them to be and say whether they are **Richtig** or **Falsch**. Correct the false claims.*

Name *name*	Gerhard Langer	(Richtig)
Staatsangehörigkeit *nationality*		
Geburtsort *place of birth*	Dresden	(Falsch) – Leipzig
Wohnort *place of residence*		
Sprachen *languages*		
Familienstand *marital status*		
Arbeit? *work?*		

ÜBUNG

20

a) Jetzt sind Sie dran. Wer sind Sie?
Now tell the rest of the class about yourself.

b) Natalie Waters.
Natalie has written down what she wants to say when it is her turn. Write down your own details following the same pattern.

Mein Name ist Natalie Waters. Ich bin Engländerin. Ich komme aus Coventry. Ich wohne jetzt in Birmingham. Ich spreche Englisch und ein bisschen Deutsch. Ich bin ledig und ich arbeite hier in Birmingham.

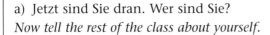

ÜBUNG
21

1.26

Machen Sie ein Interview.

Using questions from the
Nützliche Ausdrücke, *Partner*
B interviews Partner A.

Partner A: *Choose the*
appropriate role – either Jürgen
or Jutta:

Name	Jürgen Krause	Jutta Wieland
Staatsangehörigkeit	Österreicher	Schweizerin
Geburtsort	Wien	Basel
Wohnort	Salzburg	Zürich
Sprachen	Deutsch und Englisch	Schwyzerdütsch, Deutsch und Italienisch
Familienstand	seit fünf Jahren verheiratet	seit zwei Jahren geschieden
Arbeit?	ja, in Salzburg	nein, zurzeit arbeitslos

Now interview Partner B.

Partner B: *Your roles – either* Izzet *or* Marga – *are in the*
Partner B section on page 244.

Then make up some people yourself.

N Ü T Z L I C H E   A U S D R Ü C K E

Alte und **neue** Fragen (*Old and **new** questions*)
The questions in **bold** appear for the first time in Section D.

	Sie-Form	**du-Form**
Name	Wie ist Ihr Name?	Wie ist dein Name?
	Wie heißen Sie?	Wie heißt du?
Staatsangehörigkeit	**Sind Sie Engländer(in)?**	**Bist du Deutsche(r)?**
Geburtsort	Woher kommen Sie?	Woher kommst du?
Wohnort	Wo wohnen Sie?	Wo wohnst du?
Sprachen	**Sprechen Sie Deutsch?**	**Sprichst du Englisch?**
Familienstand	**Sind Sie verheiratet?**	**Bist du ledig?**
Arbeit?	**Arbeiten Sie?**	**Wo arbeitest du?**
Studium?	**Studieren Sie?**	**Wo studierst du?**

ÜBUNG

22

Im Hotel
In the hotel

Was antworten Sie?
What do you answer?

Fill in the answers and practise the dialogue with a partner.

Frau Peters	Guten Tag! Mein Name ist Ulrike Peters.
Sie	_____
	(Return the greetings and say your name.)
Frau Peters	Ach, dann sind Sie Amerikaner(in)?
Sie	_____
	(Say what your nationality is and ask Ulrike whether she is German.)
Frau Peters	Ach nein, ich bin Schweizerin. Wo wohnen Sie?
Sie	_____
	(Say where you live and ask where she lives.)
Frau Peters	In München.
Sie	_____
	(Say that Munich is beautiful. Ask her if she speaks English.)
Frau Peters	Nur ein bisschen. Aber Sie sprechen sehr gut Deutsch.
Sie	_____
	(Thank her.)

TIPPS ZUR AUSSPRACHE

Hören Sie zu und sprechen Sie nach!

The letter **w** in German is pronounced rather like a *v* in English, and a **v** in German is pronounced rather like an *f* in English.
Wie?, Wo?, Wer?, verheiratet, verwitwet, Vorwahlnummer

St in German is pronounced like *sht* in English, and **sp** in German like *shp* in English.
Straße, studieren, verstehen, Sport, Spanisch, sprechen, versprechen

 How are these words pronounced? viel, wirklich

Grammatik

Yes-no questions

As you saw in Lektion 1, the verb in German is usually the second item of a sentence. However, there are some exceptions. If you want to ask a question without using a question word (**wer**, **wo**, **wie**, etc.) the verb moves to the first position. This type of question is called a *yes-no question*.

Heißt	du	Michael?	Ja.
Ist	dein Name	Claudia?	Ja.
Ist	das	Klaus?	Nein.
Sprechen	Sie	Deutsch?	Ja.

Personal pronouns

Personal pronouns is the term given to those words you use instead of people's names, such as *he, she, you*. The German personal pronouns you have met so far are:

Singular (one person)		
1	ich	*I*
2	du	*you* (informal)
	Sie	*you* (formal)
3	er/sie	*he, she*
	es/man	*it, one*

Verb endings

Almost all the verbs you have met so far are regular and follow the same pattern:

ich	komme	höre	wohne
du	kommst	hörst	wohnst
Sie	kommen	hören	wohnen
er/sie	kommt	hört	wohnt

Exceptions

1 For verbs like **arbeiten** (*to work*):
   If the stem of a verb ends with **-t** or **-d**, you put an extra **e** before **-st** and **-t**: **reden** (*to speak*).

ich	arbeite	rede
du	arbeitest	redest
er/sie	arbeitet	redet

2 Some verbs have a change in the vowel for **du** and **er**, **sie**, **es** and **man**: **sprechen** (*to speak*).

Ich spreche Deutsch.	*I speak German.*
Du sprichst Englisch.	*You speak English.*
Sie sprechen Italienisch.	*You speak Italian.*
Er/Sie spricht Französisch.	*He/She speaks French.*

3 **Können** does not follow the regular pattern. In the **ich** form and the **er/sie/es** form **kann** is used (without the endings found on regular verbs):

Ich **kann** ziemlich gut Deutsch.	*I can (speak) German fairly well.*
Du **kannst** auch Englisch.	*You can (speak) English too.*
Sie **können** sehr gut Französisch.	*You can (speak) French very well.*
Er/Sie **kann** ein wenig Russisch.	*He/She can (speak) a little Russian.*

Using *nicht* (negative sentences)

nicht (*not*)

Ich wohne in London.	*I live in London.*
Anke wohnt **nicht** in London.	*Anke doesn't live in London.*

Nicht can be used both in statements and in questions:

Ich wohne **nicht** in München.	*I don't live in Munich.*
Wohnst du **nicht** in London?	*Don't you live in London?*

Mehr Übungen ...
More practice ...

1 Verbendungen
  Verb endings

  Complete these sentences using the correct verb endings.

  a) Ich komm... aus Berlin. Woher komm... du?
  b) Er wohn... in Monaco.
  c) Hör... du Bruce Springsteen?
  d) Er spr... sehr gut Englisch.
  e) Wie buchstabier... man Kiebitzstraße?
  f) Frau Müller arbeit..., Karin studier... .

2 *Supply the appropriate forms of* **sein** *(to be) to complete these sentences:*

  a) Ich ____ aus München. Woher ____ du?
  b) Das ____ Imelda. Sie ____ aus München.
  c) Ich ____ Martin Trautmann. Wer ____ Sie?
  d) Wie ____ Ihr Name?
  e) ____ du Kurt aus Berlin?
  f) Zürich ____ in der Schweiz.

3 Schreiben Sie die Fragen.
  Write out the questions.

  Find the questions that these sentences would answer. Use the polite Sie *form.*

  Beispiel
  Antwort (*answer*): Mir geht's gut, danke.
  Frage (*question*): Wie geht es Ihnen?

a) Ich heiße Susi Renger.
b) Ich komme aus Köln.
c) Nein, ich spreche nur Deutsch.
d) Mir geht es heute nicht so gut.
e) Nein, ich bin Österreicherin.
f) Nein, ich bin ledig.

4 Beantworten Sie die Fragen im Negativ.
Answer these questions in the negative.

Beispiel
Sind Sie ledig?
Nein, ich bin nicht ledig.

a) Sind Sie verheiratet?
b) Kommt Heidi aus Zürich?
c) Wohnen Sie in London?
d) Heißen Sie Florian Meyer?
e) Ist das Jutta Leinemann?
f) Wohnt Sabine in Großbritannien?

5 Schreiben Sie Porträts.
Look back at the four people on the evening course from Übung 17. Write brief portraits of them.

Beispiel
Er heißt Gerhard Langer und er ist Deutscher. Er kommt aus Leipzig, aber er wohnt jetzt in Hamburg. Er spricht Deutsch and er kann auch sehr gut Russisch. Er ist verheiratet und er ist pensioniert.

a) Sie heißt Susi Renger und ... .
b) Das ist Mehmet Gunesay. Er ist ... .
c) Sie heißt Leni Hochstädter und ist ... .

Now you have completed Lektion 2, can you:

tick

1 say how you are and ask other people how they are? ☐
   See pages 24–6.

2 say what nationality you are and what languages you speak? ☐
   See pages 27–9.

3 give your phone number, postcode, etc. and ask other
   people for theirs? ☐
   See pages 30–2.

4 say whether you are married and whether you work or study? ☐
   See pages 32–6.

Checkliste

Was haben Sie gelernt?
What have you learned?

FRAGEN	*Questions*
Wie geht es Ihnen?	*How are you?* (**Sie**-form)
Wie geht's?	*How are you?* (less formal, **Sie**- or **du**-form)
Wie geht es dir?	*How are you?* (**du**-form)
Sprechen Sie Deutsch?	*Do you speak German?*
Das freut mich.	*I am delighted.*
Das tut mir leid.	*I am sorry.*

VERBEN	*Verbs*
arbeiten	*to work*
können	*to be able, can*
sprechen	*to speak*
verstehen	*to understand*

PERSÖNLICHE ANGABEN	*Personal details*
arbeitslos	*unemployed*
geschieden	*divorced*
ledig	*single*
pensioniert	*retired*
verheiratet	*married*
verwitwet	*widowed*

NÜTZLICHE AUSDRÜCKE	*Useful expressions*
ja	*yes*
nein	*no*
nicht	*not*
noch	*still*
vielleicht	*perhaps*
wirklich	*really*
natürlich	*of course, naturally*
ziemlich	*fairly*
wenig	*little*
ein bisschen	*a little*
ach so	*oh, I see*
im Moment	*at the moment*
in der Nähe von	*near*
nicht weit von	*not far from*

ADJEKTIVE	*Adjectives*
ausgezeichnet	*excellent*
gut	*good, fine*
prima (informal)	*brilliant, great*
schlecht	*bad*
schön	*beautiful*

NOMEN	*Nouns*
Auskunft	*information, directory enquiries*
Empfangsdame	*receptionist* (female)
Hotel	*hotel*
Lotto	*national lottery*
Albanien	*Albania*
Belgien	*Belgium*
Bosnien-Herzegowina	*Bosnia-Herzegovina*
Bulgarien	*Bulgaria*
Dänemark	*Denmark*
Deutschland	*Germany*
Estland	*Estonia*
Frankreich	*France*
Finnland	*Finland*
Griechenland	*Greece*
Großbritannien	*Great Britain*
Irland	*Ireland*
Italien	*Italy*
Kroatien	*Croatia*
Lettland	*Latvia*
Litauen	*Lithuania*
Luxemburg	*Luxembourg*
Niederlande	*Netherlands*
Österreich	*Austria*
Polen	*Poland*
Portugal	*Portugal*
Rumänien	*Romania*
Russland	*Russia*
Schweden	*Sweden*
die Schweiz	*Switzerland*
die Slowakei	*Slovakia*
Slowenien	*Slovenia*
Spanien	*Spain*
die Tschechische Republik	*Czech Republic*
die Türkei	*Turkey*
die Ukraine	*Ukraine*
Ungarn	*Hungary*
Vereinigtes Königreich	*United Kingdom*
Zypern	*Cyprus*

3 | Arbeit und Studium

drei

A | Was ist das?

What is that?

ÜBUNG
1

Lesen und Lernen

- Towns and cities
- Jobs and professions
- Work and study

- Numbers 101 upwards
- Gender and articles
- Verb endings (plural forms)
- Summary of verb endings in the present tense

Das ist ein Bahnhof.
Das ist der Bahnhof in Hannover.

Das ist ein Weihnachtsmarkt.
Der Weihnachtsmarkt in Hannover.

Das ist ein Biergarten.
Der Klosterhof-Biergarten in Linz, Kulturhauptstadt.

Das ist eine Bäckerei.
Die Stadtbäckerei.

Das ist eine Kneipe.
Die Kneipe heißt „Das Weinloch".

Gender and indefinite / definite articles

All German nouns have a gender and are either masculine, feminine or neuter:

	the ...	a ...
Masculine	**der** Bahnhof	**ein** Bahnhof
Feminine	**die** Bäckerei	**eine** Bäckerei
Neuter	**das** Kino	**ein** Kino

NB

In the plural, the word *the* is **die**.

das Bier + **der** Garten = **der** Biergarten
das Telefon + **die** Nummer = **die** Telefonnummer

Words like **mein** *(my) and* **Ihr** *(your) also have masculine, feminine and neuter forms:*

Masculine	**Mein** Name ist Ulrike Weber. Wie ist **Ihr** Name? (der Name)
Feminine	**Meine** Telefonnummer ist 774876. Wie ist **Ihre** Telefonnummer? (die Telefonnummer)
Neuter	Das ist **mein** Haus. Wo ist **Ihr** Haus? (das Haus)

Das ist eine Kirche.
Die Michaeliskirche in Hamburg.

f

h

g

Das ist ein Kino.
Das Cinemaxx-Kino.

Das ist ein Hotel.
Das Hotel Schmidt in Celle.

i

Das ist ein Café.
Das Café Extrablatt in Hannover.

VOKABELN

die Arbeit	the work
das Studium	the study
der Bahnhof	the railway station
der Weihnachtsmarkt	the Christmas market
der Biergarten	the beer garden
die Bäckerei	the bakery
die Kneipe	the pub
die Kirche	the church
das Kino	the cinema
das Hotel	the hotel
das Café	the café

Und jetzt Sie! Stadtpläne
Town maps

This is a map of the German town of Dittburg.

Partner A: *You are visiting Dittburg and would like to find out what buildings 1–6 are. Ask your partner who lives locally to provide you with the missing information.*

Partner B: Go to page 244.

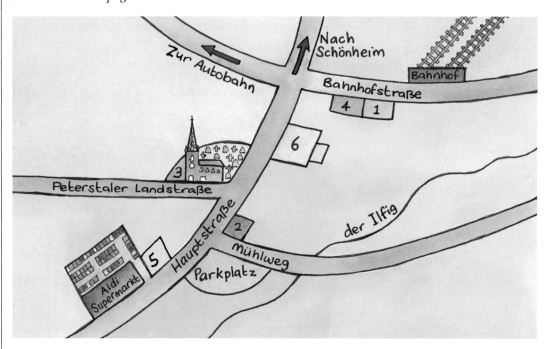

Beispiele (für Partner A)
A: Was ist Nummer 1?
B: Das ist **eine** Kneipe.
A: Wie heißt **die** Kneipe?
B: **Die** Kneipe heißt Bierstübl / **Sie** heißt Bierstübl.

Now change roles.

Partner A: *Your partner is visiting the German town of Schönheim and would like to know what buildings 1–6 on his/her map on page 244 represent. Here is the missing information that Partner B will ask you about.*

1 Bäckerei – Stadtbäckerei
2 Café – Café am Marktplatz
3 Kneipe – Weinstube
4 Kirche – Paulskirche
5 Kino – Abaton-Kino
6 Hotel – Hotel zum Ritter

ÜBUNG 3

Wortspiel
Word game

Write the words which the pictures represent and another word appears vertically. You have to add a letter to complete the word for 6.

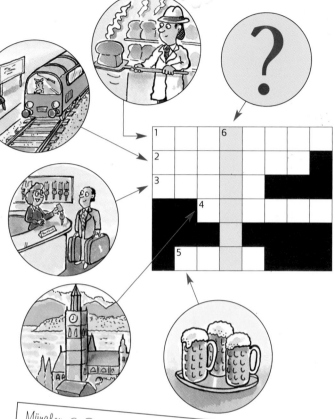

1 . . . .
2 . . . .
3 . . . .
4 . . . .
5 . . . .
6 . . . .

ÜBUNG 4

Eine Postkarte aus München
A postcard from Munich

Lesen Sie die Postkarte und beantworten Sie dann die Fragen.
Read the postcard and answer the questions.

München, 3. September

Hallo Jochen,
wie geht's? Mir geht es ausgezeichnet. Ich bin jetzt eine Woche in München. Die Stadt ist sehr schön, besonders das Stadtzentrum und der Englische Garten. Ich gehe auch in eine Sprachschule. Die Sprachschule heißt Interling. Ich spreche viel Deutsch. Das Bier in München ist sehr gut. Es heißt Weizenbier.
Bis bald.

Deine Mary

An Jochen Müllermann

Mozartstraße 43a

A- 5020 SALZBURG

Österreich

Beantworten Sie.

a) Wo ist Mary?
b) Wie ist die Stadt?
c) Was ist besonders schön?
d) Wie heißt die Sprachschule?
e) Spricht Mary nur Englisch?
f) Was ist auch sehr gut in München?
g) Wie heißen die Artikel: der, die oder das?

(This is common practice in postcards and letters.)

___ Woche (*week*)
___ Stadtzentrum (*city centre*)
___ Garten (*garden*)
___ Sprachschule (*language school*)
___ Bier (*beer*)

V O K A B E L N

besonders	especially
bis bald	see you soon
nur	only

ÜBUNG 5

Welche Endungen?
Which endings?

In some cases no ending is needed.

a) Das ist ein... Kino.
b) D... Hotel heißt Vier Jahreszeiten.
c) Dort ist ein... Bäckerei.
d) Wie ist Ihr... Vorname?
e) Wo ist d... Bäckerei?
f) Das ist ein... Café.

B | Berufe
Occupations

ÜBUNG 6

Lesen und Lernen
Was sind diese Leute von Beruf?

Peter Müller

Günther Schmidt

Max Weber

Anja Meier

Marcel Wagner

Traudl Lustig

Monika Thielicke

Welches Wort passt zu welchem Bild?
Which word matches which picture?

1 Kundenberaterin
2 Automechaniker
3 Kellnerin
4 Koch
5 Designerin
6 Taxifahrer
7 Tischler

ÜBUNG

7

Wer ist das?

Write short descriptions of the people from Übung 6.

Beispiele
1 Das ist Peter Müller. **Er** ist Taxifahrer.
2 Das ist Günter Schmidt. **Er** ist Automechaniker.
3 Das ist _____. **Sie** ist …, usw.

Mehr Berufe

der – masculine	die – feminine	
Automechaniker	Automechanikerin	*car mechanic*
Friseur/Frisör	Friseurin/Frisörin	*hairdresser*
Journalist	Journalistin	*journalist*
Kellner	Kellnerin	*waiter / waitress*
Koch	Köchin	*chef*
Kundenberater	Kundenberaterin	*customer adviser*
Lehrer	Lehrerin	*teacher*
Maurer	Maurerin	*bricklayer*
Musiker	Musikerin	*musician*
Sekretär	Sekretärin	*secretary*
Student	Studentin	*student*
Tischler	Tischlerin	*carpenter*
Verkäufer	Verkäuferin	*shop assistant*

Ausnahmen (*Exceptions*)

Arzt	**Ä**rztin	*doctor*
Koch	K**ö**chin	*chef, cook*
Angestellter	Angestellte	*employee*
Haus**mann**	Haus**frau**	*househusband / housewife*
Bankkauf**mann**	Bankkauf**frau**	*qualified bank clerk*
Kranken**pfleger**	Kranken**schwester**	*nurse*

ÜBUNG

8

1.28–1.29

Sind Sie berufstätig?
Do you have a job?

Martina Volz aus Borken lernt Renate Harris aus Whitstable kennen.
Martina Volz from Borken gets to know Renate Harris from Whitstable.

Hören Sie zu!

Partnerstädte *(Twinned towns)*

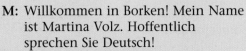

M: Willkommen in Borken! Mein Name ist Martina Volz. Hoffentlich sprechen Sie Deutsch!
R: Guten Abend! Ja, ich spreche Deutsch. Ich heiße Renate Harris.
M: Prima! Sie sprechen ja sehr gut Deutsch. Sind Sie denn Deutsche?
R: Ja, aber mein Mann ist Engländer, und ich wohne seit 18 Jahren in England.
M: Ach so. Sind Sie berufstätig?
R: Ja, ich bin Verkäuferin.

VOKABELN

lernt … kennen	*gets to know*
willkommen	*welcome*
denn	*then (here)*
mein Mann	*my husband*
Sind Sie berufstätig?	*Do you have a job?*

VOKABELN

Was macht Ihr Mann?	*What does your husband do?*
war	*was*
Was sind Sie von Beruf?	*What job do you do? (lit. What are you by profession?)*
Seit wann?	*Since when?*
Seit drei Jahren	*For (lit. since) three years*
Wo arbeiten Sie?	*Where do you work?*
Er arbeitet bei …	*He works for …*
der Supermarkt	*supermarket*

M: Was macht Ihr Mann?
R: Er ist jetzt pensioniert, aber er war Journalist. Und Sie? Was sind Sie von Beruf?
M: Ich bin Krankenschwester. Mein Mann ist von Beruf Mechaniker und er arbeitet bei Opel. Und wo arbeiten Sie?
R: Ich arbeite bei Sainsbury's, das ist ein Supermarkt in Großbritannien.
M: Seit wann arbeiten Sie dort?
R: Seit drei Jahren.

ÜBUNG 9

Richtig oder falsch? Korrigieren Sie die falschen Aussagen.

a) Renate Harris ist Österreicherin.
b) Renate wohnt seit 18 Jahren in England.
c) Sie ist Verkäuferin von Beruf.
d) Mr Harris ist Journalist von Beruf.
e) Martina Volz ist Bankkauffrau von Beruf.
f) Herr Volz ist Mechaniker und arbeitet bei Ford.

ÜBUNG 10

Hermann Hümmer aus Dresden lernt Bernd Brückner aus Coventry kennen.

Hören Sie zu!

Welche Antwort passt?

a) Herr Brückner ist Engländer / Deutscher / Schweizer.
b) Frau Brückner ist Engländerin / Deutsche / Schweizerin.
c) Herr Brückner wohnt seit 6 Jahren / 8 Jahren / 10 Jahren in England.
d) Herr Brückner ist Kellner / Tischler / Kaufmann von Beruf.

Besuch aus Partnerstädten
Visitors from twinned towns

Partner A: Wählen Sie Ihre Rolle: Sie sind entweder
Helga oder John und wohnen in Hannover.
Choose the appropriate role – either Helga or John from
Hanover – and answer the questions from your partner who
lives in Bristol.

Helga McCarthy-Winkler	**John McCarthy**
Deutsche	Ire
Sie ist mit John McCarthy verheiratet.	Er ist mit Helga McCarthy-Winkler
John ist Ire.	verheiratet.
Sie wohnt seit 31 Jahren in Hannover.	Helga ist Deutsche.
Sie ist Sekretärin bei Sennheimer.	Er wohnt seit 12 Jahren in Hannover.
	Er ist Angestellter bei BMW.

Nun fragen Sie Ihre Partnerin/Ihren Partner:
Sind Sie Engländer(in)? Sind Sie verheiratet? Ist Ihr
Mann/Ihre Frau Engländer(in)? Wie lange wohnen Sie
in Bristol? Was sind Sie von Beruf? Wo arbeiten Sie?

Partner B: *Your roles are in the Partner B section on page*
245.

Schreiben Sie jetzt Ihre eigenen Karten.

Anagramme: Was sind diese Leute von Beruf?
Anagrams: What jobs do these people do?

NREIRLEH

ERURAM

ANSTUJORIL

ERNISÄTERK

C | Was studierst du?
What are you studying?

In der Jugendherberge. Teil 1.

Anita lernt Karin und Anke kennen.
Anita gets to know Karin and Anke.

Hören Sie zu.

1.31

Anita	Grüß euch! Ich heiße Anita. Wie heißt ihr?
Karin	Hallo! Mein Name ist Karin.
Anke	Und ich bin die Anke.
Anita	Und woher kommt ihr?
Anke	Wir kommen aus Gießen. Und du? Woher kommst du?
Anita	Aus Frankfurt. Ich studiere dort Romanistik. Studiert ihr auch?
Karin	Ja, wir studieren BWL in Marburg.
Anita	Und ist das interessant?
Anke	Na ja, es geht, ein bisschen langweilig.

Richtig oder falsch?

1 Anke und Karin kommen aus Gelsenkirchen.
2 Anita kommt aus Frankfurt.
3 Anita studiert Germanistik.
4 Anke und Karin studieren BWL.
5 Sie studieren in Marburg.
6 Sie finden es sehr interessant.

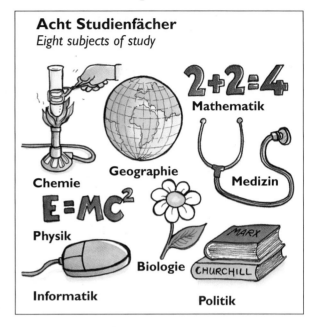

Acht Studienfächer
Eight subjects of study

Chemie

Geographie

Mathematik

Medizin

$E = MC^2$

Physik

Biologie

Informatik

Politik

Grüß euch!	*Hello, hi! (a familiar greeting used to more than one person)*
Wie heißt ihr?	*What are you (familiar plural) called?*
Na ja	*Oh well (informal)*
es geht	*it's all right*
langweilig	*boring*

Acht weitere Studienfächer
Eight more subjects

Anglistik	*English language and literature*
Betriebswirtschaftslehre (BWL)	*management studies*
Germanistik	*German language and literature*
Geschichte	*history*
Jura	*law*
Romanistik	*Romance studies*
Volkswirtschaftslehre (VWL)	*economics*
Zahnmedizin	*dentistry*

* **studieren** means to study at a university; **lernen** is more appropriate for study at lower levels, such as in schools, further education and adult education.

In der Jugendherberge. Teil 2.

Anke und Karin lernen Thomas und
Peter kennen.
*Anke and Karin get to know Thomas and
Peter.*

V O K A B E L N

eine Banklehre	*an apprenticeship in a bank*
meine Eltern	*my parents*
eine Wohnung	*a flat, apartment*
im Stadtzentrum	*in the city centre*

1.32

Hören Sie zu.

Anke	Hallo! Ich heiße Anke und das ist Karin. Wie heißt ihr?
Thomas	Hallo! Ich heiße Thomas und das ist Peter.
Peter	Grüß euch!
Anke	Und woher kommt ihr?
Peter	Wir sind aus Leipzig.
Karin	Seid ihr Studenten?
Peter	Ich bin Student. Ich studiere Chemie in Leipzig.
Thomas	Und ich mache in Leipzig eine Banklehre. Meine Eltern wohnen dort. Sie haben eine Wohnung im Stadtzentrum.

Richtig oder falsch?

	Richtig	Falsch
1 Thomas und Peter kommen aus Leipzig.	☐	☐
2 Peter studiert Physik.	☐	☐
3 Thomas macht eine Banklehre.	☐	☐
4 Seine Eltern wohnen in Dresden.	☐	☐
5 Seine Eltern haben ein Haus im Stadtzentrum.	☐	☐

ÜBUNG

14

Was studieren sie?

*Fill in the information that these students
give about themselves.*

1.33

Name	Paul	Daniel	Heike	Martina
Wohnort				
Studienort				
Studienfach				

Verbs in the plural

Wir	komm**en**	aus	Leipzig.	*We come from Leipzig.*
Ihr	komm**t**	aus	Gießen.	*You (both or all) come from Gießen. (familiar form)*
Sie	komm**en**	aus	Dresden.	*You (both or all) come from Dresden. (formal form)*
Komm**en**	sie	aus	Marburg?	*Do they come from Marburg?*

Sie
The formal **Sie** *is used for both the singular and the plural. This* **Sie** *is always written with a capital* **S**:
Woher kommen Sie, Herr Fischer? (*to one person*)
Wo wohnen Sie in Deutschland? (*to two people*)

sein (*to be*) (*irregular verb*)

Wir	sind	Studenten.	*We are students.*
Ihr	seid	hier.	*You (both or all) are here. (familiar form)*
Sie	sind	hier.	*You (both or all) are here. (formal form)*
Sind	sie	Österreicher?	*Are they Austrians?*

ÜBUNG
15

Du, Sie oder ihr?

Ask these people for their name and where they come from.

a) _____ ?
b) _____ ?
c) _____ ?
d) _____ ?
e) _____ ?

Deutschland-Info

BILDUNG UND AUSBILDUNG

Full-time attendance at school is compulsory in Germany from six to 15 years of age. Those who leave school at 15 have to attend a vocational school part-time for a further three years.

Vocational training in Germany is well organised; apprenticeships, lasting two to three and a half years, prepare young people for a wide range of occupations.

Almost two million students are registered at 359 German universities and other institutions of higher education. In recent years German universities have introduced BA and MA courses along the lines of British and American universities, which are shorter than the traditional German Diplom and Magister degrees. This makes it easier for students to enter the job market at a younger age.

There are about 230,000 foreign students studying in Germany and an increasing number of universities offer degree courses taught in English.

Well-known institutions are the University of Heidelberg, founded in 1386, the Ludwig-Maximilians-Universität in Munich and the Humboldt-Universität in Berlin.

ÜBUNG
16

Jetzt sind Sie dran.

Work in pairs or small groups and ask each other – whether you have a job and, if so, what you do, where you work and for how long; whether you are a student and, if so, what, where you are studying and for how long.

Sind Sie berufstätig?

Wo studieren Sie?

Was sind Sie von Beruf?

Wo arbeiten Sie?

STUDIEREN SIE?

Was studieren Sie?

Seit wann arbeiten Sie?

Seit wann studieren Sie?

Nützliche Ausdrücke

Seit wann?
Since when?

Was studiert ihr?
What do you study? (informal)

Was studierst du?
What do you study?

ÜBUNG
17

Sie über sich
You about yourself

Write as much information about yourself as your German will allow. Use Darleen Briggs' answer to help you.

Ich über mich

Ich heiße Darleen Briggs.
Ich komme aus Manchester, aber ich wohne jetzt in Pimlico. Das ist in London.
Meine Eltern wohnen noch in Manchester.
Ich bin Krankenschwester und ich arbeite in Fulham.
Ich spreche Englisch, Französisch und ein bisschen Deutsch.
Mein Partner heißt Duane und er ist Automechaniker. Er arbeitet in Chelsea.
Er spricht sehr gut Deutsch und er kommt aus London.

ÜBUNG
18

Welche Antwort passt?

a) Was ist das?
  1 Das ist sehr schön.
  2 Das ist Herr Schneider.
  3 Das ist das Brandenburger Tor.

d) Was studiert ihr?
  1 Sie studieren Geschichte in Gießen.
  2 Wir studieren Jura in München.
  3 Er studiert BWL in Marburg.

b) Sind Sie berufstätig?
  1 Nein, ich bin Lehrer.
  2 Ja, ich bin Lehrerin.
  3 Ja, ich studiere Germanistik.

e) Ist Ihre Frau berufstätig, Herr Meinert?
  1 Ja, sie studiert Chemie.
  2 Nein, sie sind arbeitslos.
  3 Ja, sie ist Ärztin.

c) Bist du Studentin?
  1 Ja, ich studiere Anglistik in Jena.
  2 Ja, ich bin Kauffrau von Beruf.
  3 Nein, ich studiere Elektronik in
     Darmstadt.

f) Woher kommt ihr?
  1 Sie kommen aus Dresden.
  2 Wir kommen aus Leipzig.
  3 Ihr kommt aus Köln.

**Friedrich–
Schiller–
Universität
Jena**

World Wide Web W

ÜBUNG
19

Sagen Sie es anders!

*Match the questions in Teil A with their
near equivalents in Teil B.*

Teil **A**

a) Wie schreibt man das?
b) Woher kommen sie?
c) Wie heißen Sie?
d) Woher kommen Sie?
e) Woher kommt ihr?
f) Woher kommst du?
g) Wie heißt du?
h) Arbeitet ihr?

Teil **B**

1 Seid ihr berufstätig?
2 Wie ist dein Name?
3 Wie buchstabiert man das?
4 Wie ist Ihr Name?
5 Woher bist du?
6 Woher sind sie?
7 Woher seid ihr?
8 Woher sind Sie?

ÜBUNG
20

1.34

Zahlen 101 und aufwärts
Numbers 101 and upwards

Hören Sie zu und wiederholen Sie!

101	hunderteins
102	hundertzwei
110	hundertzehn
111	hundertelf
120	hundertzwanzig
121	hunderteinundzwanzig
201	zweihunderteins
312	dreihundertzwölf
999	neunhundertneunundneunzig
1 000	(ein)tausend
2 843	zweitausendachthundertdreiundvierzig
10 962	zehntausendneunhundertzweiundsechzig
1 000 000	eine Million
4 000 000	vier Millionen
1 000 000 000	eine Milliarde

Notrufe

Polizei	**110**
Feuer	**112**
Notarzt	**115**

ie ä z l
w ü d l
ö ei

TIPPS ZUR AUSSPRACHE

1.35

Hören Sie zu und sprechen Sie nach!
*In German the use of the Umlaut (¨) always changes the way a vowel
(such as **a**, **o** or **u**) or a diphthong (such as **au**) is pronounced.*

*Listen to the way **a** plus an Umlaut is pronounced in these words:
Engländer, Universität, berufstätig, Sekretärin, Kindergärtnerin.*

*Listen to the way **au** plus an Umlaut is pronounced:* Verkäufer,
Fräulein.

☺ *How would you pronounce these words?* Ärztin, Bäckerei,
Dänemark, Häuser.

Grammatik

Verbs – present tense endings

Here is a summary of the verb endings used for regular verbs, and slightly irregular verbs, in the present tense:

Infinitive: wohnen **Stem:** wohn-

Singular

ich	wohne	komme	arbeite	spreche
du	wohnst	kommst	arbeitest	sprichst
Sie	wohnen	kommen	arbeiten	sprechen
er/sie/es	wohnt	kommt	arbeitet	spricht

Plural

wir	wohnen	kommen	arbeiten	sprechen
ihr	wohnt	kommt	arbeitet	sprecht
Sie	wohnen	kommen	arbeiten	sprechen
sie	wohnen	kommen	arbeiten	sprechen

Sein (*to be*) and **haben** (*to have*) are irregular verbs:

Singular

Ich	bin	Student.
Du	bist	Sekretärin.
Sie	sind	verheiratet.
Er/Sie/Es	ist	alt.

Plural

Wir	sind	Engländer.
Ihr	seid	Amerikaner.
Sie	sind	Japaner.
Sind	sie	arbeitslos?

Singular

Ich	habe	ein Haus.
Du	hast	eine Wohnung.
Sie	haben	ein Café.
Er/Sie/Es	hat	ein Hotel.

Plural

Wir	haben	eine Sekretärin.
Ihr	habt	meine Adresse.
Sie	haben	meine Telefonnummer.
Haben	sie	jetzt Mathematik?

Gender of nouns

As you have seen, German nouns are either *masculine, feminine* or *neuter*. This is their *gender*. The words for *the* and *a* (the so-called *definite* and *indefinite articles*) have to match the gender of the nouns:

Masculine	der Bahnhof	*the station*	ein Bahnhof	*a station*
Feminine	die Kirche	*the church*	eine Kirche	*a church*
Neuter	das Café	*the café*	ein Café	*a café*

NB: In the plural the word *the* is **die**.

If a noun is made up of more than one noun it is the last element that defines the gender:

das Bier + **der** Garten = **der** Biergarten
das Haus + **die** Frau = **die** Hausfrau

The gender of nouns has to be learned. There are a few rules to help you. For instance, most nouns ending in **-in** are feminine (**die Sekretärin, die Amerikanerin,** etc.). In general, however, you need to learn the noun with its definite article: **der, die** or **das**.

Plural of nouns

German nouns do not simply add **-s** to form their plurals (*a book, two books*). The plurals have to be learned. Two of the main categories which you have met so far are:

a) nouns which do not change: **ein Engländer, zwei Engländer**.
b) nouns which add **-nen**: **eine Amerikanerin, zwei Amerikanerinnen**.

Mehr Übungen ...

1   *What gender is each of the following nouns, masculine (**der**), feminine (**die**) or neuter (**das**)?*

   a) Kino
   b) Bahnhof
   c) Haus
   d) Bäckerei
   e) Kellnerin
   f) Telefonnummer

2   *Fill in the gaps with the correct versions of **Ihr(e)** or **mein(e)**:*

   a) Wie ist ___ Name? ___ Name ist Astrid.
   b) Wie ist ___ Adresse? ___ Adresse ist Hauptstraße 45.
   c) Wo liegt ___ Haus? ___ Haus liegt im Zentrum.
   d) Wie ist ___ Telefonnummer? ___ Telefonnummer ist 753412.
   e) Wie heißt ___ Mann? ___ Mann heißt Gerhard.

3 Berufe

Schreiben Sie bitte.
a) Er ist Taxifahrer.
b) Sie ist ...
c) Er ist ..., etc.

4 Verbendungen
Complete these sentences with the correct verb endings.

a) Woher komm... ihr?
b) Wir ____ (sein) aus Bristol.
c) Herr und Frau McCarthy wohn... in Hannover.
d) Herr und Frau Miller arbeit... beide als Verkäufer.
e) Studier... ihr in Frankfurt?
f) Wir mach... beide eine Banklehre.

5 Schreiben Sie Ihre erste Postkarte.
Write your first postcard in German.

You just have to fill in the missing words. You choose the person you would like to write to.

der – schön – Die – fantastisch – bald – eine – das – heißt – spreche – geht's – eine – Die

Berlin, 6. Januar

Hallo ... ,
wie _____? Mir geht es _____.
Ich bin jetzt _____ Woche in Berlin.
_____ Stadt ist sehr _____, besonders
_____ Zentrum und _____ Tiergarten.
Ich gehe jetzt auch in _____
Sprachschule. _____ Sprachschule
_____ Euro-Müller. Ich _____ viel
Deutsch.
Was machst du?

Bis _____.

Deine ...
Dein ...

An _____
_____
_____
_____
_____

Now you have completed Lektion 3, can you:

		tick
1	name some important facilities in towns and cities? *See pages 42–3.*	☐
2	ask people their occupation and give your own? *See pages 46–8.*	☐
3	ask people what study or training courses they are doing and where? *See pages 51–4.*	☐
4	count from 101 upwards? *See page 56.*	☐

Checkliste

Was haben Sie gelernt?

BERUFE	*Professions*
Angestellter/Angestellte	*employee*
Arzt/Ärztin	*doctor*
Automechaniker(in)	*mechanic*
Friseur/Friseurin	*hairdresser*
Ingenieur(in)	*engineer*
Journalist(in)	*journalist*
Kellner(in)	*waiter/waitress*
Krankenschwester	*nurse*
Krankenpfleger	*orderly/male nurse*
Kundenberater(in)	*customer advisor*
Maurer(in)	*bricklayer*
Lehrer(in)	*teacher*
Mechaniker(in)	*mechanic*
Musiker(in)	*musician*
Sekretär(in)	*secretary*
Student(in)	*student*
Taxifahrer(in)	*taxi driver*
Tischler(in)	*carpenter*
Verkäufer(in)	*shop assistant*

FRAGEN	*Questions*
Was sind Sie von Beruf?	*What job do you do?*
Wo arbeiten Sie?	*Where do you work?*
Sind Sie berufstätig?	*Do you have a job?*
Seit wann?	*Since when?*
Was studiert ihr?	*What do you study?* (informal)
Was studierst du?	*What do you study?*

PERSONAL-PRONOMEN	*Personal pronouns*
wir	*we*
ihr	*you* (informal)
Sie	*you* (formal)
sie	*they*

VERBEN	*Verbs*
arbeiten	*to work*
machen	*to do, make*
studieren	*to study*
war/waren	*was/were* – past tense of **sein** (*to be*)

ADJEKTIVE	*Adjectives*
interessant	*interesting*
langweilig	*boring*
fantastisch	*fantastic*

NÜTZLICHE AUSDRÜCKE	*Useful expressions*
besonders	*especially*
Na ja	*Oh well*
nur	*only*

GEBÄUDE	*Buildings*
die Bäckerei	*bakery*
der Bahnhof	*railway station*
die Bank	*bank*
das Café	*café*
das Haus	*house*
das Hotel	*hotel*
das Kino	*cinema*
die Kirche	*church*
die Kneipe	*pub*
die Hauptpost	*main post office*
das Rathaus	*town hall*
die Schule	*school*
die Sprachschule	*language school*
der Supermarkt	*supermarket*

ANDERE NOMEN	*Other nouns*
der Biergarten	*beer garden*
der Flohmarkt	*flea market*
der Park	*park*
die Stadt	*town, city*
das Stadtzentrum	*city centre*
das Bier	*beer*
die Lehre	*apprenticeship*
die Woche	*week*

Familie und Freizeit

- ● Activities
- ● Leisure pursuits
- ● Stating likes and dislikes
- ● Family relationships

- ■ *Verbs with vowel changes*
- ■ *Possessive adjectives*
- ■ *Plural of nouns*
- ■ *The accusative case*

A | Was machen die Leute?

What are these people doing?

ÜBUNG

1

Lesen und Lernen

Frau Thielemann kocht.

Die Kinder schwimmen.

Rebecca hört Musik.

Sie spielen Fußball.

Frau Copa liest ein Buch.

Herr Schenke arbeitet im Garten.

Die Leute machen ein Picknick.

Herr Hinschken kauft Lebensmittel.

Die Leute essen und trinken.

Die Leute spielen Schach.
Sie spielen im Park.

ÜBUNG
2

Wie heißen die Verben?

Beispiel
Fußball: spielen
a) im Garten: _____ *oder* _____
b) Wein: _____
c) Schach: _____
d) Buch: _____
e) Lebensmittel: _____
f) Pasta: _____ *oder* _____

Vowel changes

*Some verbs in German have a change in the vowel
in the du and er, sie and es forms:*

	sprechen	**lesen**	**essen**
ich	spreche	lese	esse
du	sprichst	liest	isst
er/sie/es	spricht	liest	isst

ÜBUNG
3

Frau Neumann ist sehr beschäftigt.
Frau Neumann is very busy.

Schreiben Sie, was sie macht!

a) Frau Neumann _trinkt_ Kaffee.
b) Sie _____ .
c) Sie _____ Lebensmittel.
d) Frau Neumann _____ Pasta .
e) Sie _____ _____ Postkarte .
f) Sie _____ _____ .
g) Sie _____ Englisch .
h) Sie _____ Bier .

Was machen die Leute?
Hören Sie zu und schreiben Sie!

a) Die Leute spielen Tennis.
b) Die Leute ____ .
c) Die Leute ____ .
d) Die Leute ____ .

e) Die Leute ____ .
f) Die Leute ____ .
g) Die Leute ____ .

Üben Sie Verbendungen und irreguläre Verben.
Practise verb endings and irregular verbs.

a) Er spr... sehr gut Deutsch.
b) Koch... Sie oft?
c) Trink... ihr viel Weizenbier?
d) Arbeit... du bei Opel?
e) Frau Peters l... viel Agatha Christie.
f) Er ... Pasta. (essen)

B | Hobbys und Freizeit
Hobbies and leisure time

Was ist Ihr Hobby?
Eine Radio-Umfrage in Travemünde.
Hören Sie zu.

Reporter	Guten Tag. Wir sind vom Radio und machen eine Umfrage. Was ist Ihr Hobby, bitte?
Touristin A	Mein Hobby? Also, mein Hobby ist mein Garten. Und ich wandere gern.

●

Reporter	Entschuldigen Sie, bitte. Haben Sie ein Hobby?
Tourist A	Ein Hobby? Ja, ich schwimme gern, ich gehe gern ins Kino und ich lese gern.
Reporter	Lesen Sie gern Krimis?
Tourist A	Nein, ich lese nicht gern Krimis. Ich lese gern Romane und Biografien.

●

VOKABELN	
die Umfrage (-n)	survey
der Krimi (-s)	crime story, detective story
der Roman (-e)	novel
die Biografie (-n)	biography
Ich wandere **gern**.	I **like** hiking.
Ich reise **gern**.	I **like** travelling.
Ich gehe **gern** ins Kino.	I **like** going to the cinema.

Reporter	Kann ich Sie etwas fragen? Was ist Ihr Hobby, bitte?
Tourist B	Mein Hobby ist Fotografie. Ich fotografiere gern.
Reporter	Und haben Sie noch ein Hobby?
Tourist B	Ja, ich reise auch gern.

●

Reporter	Entschuldigen Sie. Haben Sie ein Hobby?
Touristin B	Ein Hobby? Mmh, Sport und Musik.
Reporter	Sport und Musik? Joggen Sie gern?
Touristin B	Nein, ich jogge nicht gern. Ich spiele gern Tennis und Golf. Ich gehe oft ins Fitness-center und ich höre gern Klassik, Jazz, Rock und Popmusik. Ist das genug?
Reporter	Ja, ja. Vielen Dank.

Was waren die Hobbys?

Listen to the interviews again and tick ✔ the hobbies mentioned. Put a cross ✗ against those which were not.

Lesen	☐	Kino	☐	Segeln	☐
Surfen	☐	Garten	☐	Sport	☐
Fotografieren	☐	Computer	☐	Wandern	☐
Reisen	☐	Tennis	☐	Joggen	☐
Schwimmen	☐	Jazz	☐	Golf	☐
Popmusik	☐	Klassische Musik	☐	Fitness	☐
Fußball	☐	Fallschirmspringen	☐	Rockmusik	☐

Deutschland-Info

VEREINE

There are many kinds of **Vereine** (*clubs*) in Germany covering a multitude of interests, from gardening to coin collecting or singing. Singing clubs alone total over two million members and sport clubs manage to attract nearly ten times that figure.

As in most countries nowdays, young people tend to be interested in 'pop' culture and clubbing.

7

Fragen Sie Ihre Partnerin/Ihren Partner, was sie/er gern oder nicht gern macht.

Beispiel
A: Sprechen Sie/Sprichst du gern Deutsch?
B: Ja, ich spreche gern /sehr gern Deutsch. – Nein, ich spreche **nicht** gern Deutsch.
   Und Sie?/Und du?
   Sprechen Sie/Sprichst du gern Deutsch? ...

Fragen	Ihr Partner	Sie
Sprechen Sie gern Deutsch?		
Lesen Sie gern Zeitung?		
Hören Sie gern Lady Gaga?		
Essen Sie gern Pizza?		
Reisen Sie gern?		
Arbeiten Sie gern im Garten?		
Trinken Sie gern Bier?		
Gehen Sie gern ins Kino?		
Kochen Sie gern?		

Feel free to form more questions. When you are not sure about something, ask your teacher.

8

Was haben Sie herausgefunden? Sagen Sie drei Dinge, die Ihr Partner gern und nicht gern macht.

What did you discover? State three things your partner likes doing and three he or she doesn't like.

Die beliebtesten Freizeitbeschäftigungen der Deutschen ...
Germans' most popular leisure activities ...

1 Fernsehen
2 Zeitung, Illustrierte lesen
3 Radio hören
4 Telefonieren
5 Ausschlafen

C | Brieffreundschaften
Pen-friendships

Wir suchen Brieffreunde
We are looking for pen-friends

VOKABELN

hassen	to hate
kein	no, not a
die Geschichtslehrerin	history teacher (fem.)
das Königshaus	monarchy
lieben	to love
doof	stupid
die Ökologie	ecology
das Motorrad (¨er)	motor bike
außerdem	besides that, ... as well

Hallo. Mein Name ist Thorsten Schmidt. Ich wohne in Berlin und ich bin 34 Jahre alt. Meine Hobbys sind: Fußball und Musik. Ich höre sehr gern Indierock, aber ich hasse deutsche Musik. Ich spreche Französisch und ein bisschen Englisch und ich suche eine Brieffreundin oder einen Brieffreund in Großbritannien oder Irland.

Thorsten Schmidt, Berlin
103/B

Ich heiße Louise Rotherbaum und bin jetzt Rentnerin. Ich war Geschichtslehrerin. Ich wohne in Berlin und habe dort ein kleines Haus. Ich trinke sehr gerne englischen Tee und ich lese viel über das englische Königshaus. Ich liebe englische Marmelade. Ich suche eine Brieffreundin aus England, die ein bisschen Deutsch kann. Bitte schreiben Sie mir.

Louise Rotherbaum, Berlin
104/B

Sport ist klasse, Computerspiele sind doof. Michael, 18, aus Köln sucht Brieffreundinnen und – freunde aus der ganzen Welt. Meine Hobbys sind: Tennis, Surfen, Politik und Ökologie. Ich lese gern Krimis und spiele Gitarre. Wer schreibt mir?

Michael, Köln
105/B

Mein Name ist Petra Baumgartl. Ich komme aus München und bin Sekretärin. Ich koche sehr gern (Pasta) und habe auch ein Motorrad (BMW). Ich spreche Französisch, Italienisch und Englisch und reise gern. Außerdem tanze ich sehr gut. Bitte schreiben Sie mir.

Petra Baumgartl, München
106/B

Richtig oder falsch?
Korrigieren Sie die falschen Aussagen.

	Richtig	Falsch
a) Thorsten Schmidt hört sehr gern deutsche Musik.	☐	☐
b) Frau Rotherbaum ist Geschichtslehrerin.	☐	☐
c) Sie hat ein kleines Haus in Berlin.	☐	☐
d) Michael spielt gern Tennis.	☐	☐
e) Er liebt Computerspiele.	☐	☐
f) Die Hobbys von Frau Baumgartl sind: Kochen, Motorradfahren, Reisen, Sprachen und Tanzen.	☐	☐

Sie über sich

Write to a pen-friend, giving a short description of yourself similar to the ones above. You could also prepare an answer to one of the above advertisements in Übung 9.

Keine

Kein(e) *can mean no or not a:*

Ich bin kein Deutscher.	*I am not a German.*
Ich habe keine Zeitung.	*I don't have a newspaper.*

D | Familien

Families

Eine Familie stellt sich vor!
A family is introduced!

Work out which are the names for as many family relationships as you can find here.

Familie Semmelbein

Das ist Familie Semmelbein aus Mannheim. Die Großmutter heißt Helene und ist 82 Jahre alt. Sie war Hausfrau. Ihr Mann heißt Adalbert und ist 84 Jahre alt. Er war Bankkaufmann. Vater Georg ist 55 und er ist Ingenieur. Seine Frau Anne ist 52 und sie arbeitet in einem Fotoladen. Ihre Kinder heißen Axel und Annett. Axel ist Bankkaufmann und seine Schwester Annett studiert noch.

Axel ist mit Nicole verheiratet. Sie haben zwei Kinder. Ihre Tochter heißt Nadine und ist vier Jahre alt. Der Bruder von Nadine heißt Florian und ist zwei. Außerdem haben sie eine Katze und einen Hund. Der Hund heißt Harro und die Katze Muschi.

Schreiben Sie einen
Stammbaum der Familie
Semmelbein.
Write a family tree of the
Semmelbein family.

Use the information given in
the text.

V O K A B E L N

der Sohn (¨e)	*son*
die Großmutter (¨)	*grandmother*
die Mutter (¨)	*mother*
die Schwiegertochter (¨)	*daughter-in-law*
der Schwiegersohn (¨e)	*son-in-law*
das Enkelkind (er)	*grandchildren*

Großvater   =   Großmutter
Name: _____   Name: _Helene_
Alter: _____   Alter: _____
Beruf: _____   Beruf: _____

Vater   =   Mutter
Name: _Georg_   Name: _____
Alter: _____   Alter: _____
Beruf: _____   Beruf: _Fotografin_

Sohn   =   Schwiegertochter   Tochter
Name: _____   Name: _____   Name: _____
Beruf: _____   Beruf: _____   Beruf: _____

Enkelkinder
Name: _____   Name: _____
Alter: _____   Alter: _____

Haustiere
Katze: _____   Hund: _____

Gender and possessives

Use **ihr** for *her* and **sein** for *his*.

Remember that feminine, masculine and neuter endings are needed depending on the gender of the nouns.
The **-e** *ending is used for all genders in the plural.*

	Singular		Plural	
Masculine	ihr Sohn	sein Sohn	ihre Söhne	seine Söhne
Feminine	ihre Tochter	seine Tochter	ihre Töchter	seine Töchter
Neuter	ihr Kind	sein Kind	ihre Kinder	seine Kinder

ÜBUNG **13**

Ihr, ihre, sein, seine? Was passt?
If you cannot remember the gender of a word, look it up in a dictionary.

a) Wie ist sein... Telefonnummer?
b) Das ist ihr... Computer.
c) Das sind sein... Kinder.
d) Ist das ihr... Gitarre?
e) Das ist ihr... Hund.
f) Sein... Katze heißt Cleopatra.

ÜBUNG **14**

Das britische Königshaus
Wer ist wer?

Write down the words 1 to 5 and the sixth word will appear vertically?

1 Prinzessin Anne ist die ____ von Königin Elizabeth.
2 Prinz Charles ist der ____ von Prinz William.
3 Prinz Harry ist der ____ von Charles und Lady Diana.
4 Lady Diana war die ____ von Prinz William und Prinz Harry.
5 Prinz William ist der ____ von Harry.
6 Prinzessin Anne ist die ____ von Prinz William.

Nützlicher Ausdruck

Alles klar?
Everything OK?

ÜBUNG
15

1.38

Haben Sie Geschwister?

Have you any brothers or sisters?

Gespräch in der Pause. Die Studenten aus der Volkshochschule Hamburg unterhalten sich über ihre Familien. *During a break the students of the Volkshochschule in Hamburg talk about their families.*

VOKABELN

die Enkeltochter (¨)	granddaughter
der Enkelsohn (¨e)	grandson
ein stolzer Opa	a proud grandfather

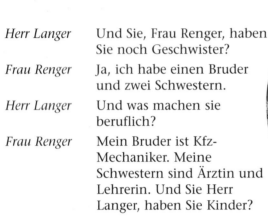

Herr Langer	Und Sie, Frau Renger, haben Sie noch Geschwister?
Frau Renger	Ja, ich habe einen Bruder und zwei Schwestern.
Herr Langer	Und was machen sie beruflich?
Frau Renger	Mein Bruder ist Kfz-Mechaniker. Meine Schwestern sind Ärztin und Lehrerin. Und Sie Herr Langer, haben Sie Kinder?
Herr Langer	Ja, natürlich. Eine Tochter und einen Sohn.
Frau Renger	Und wohnen beide hier in Hamburg?
Herr Langer	Mein Sohn wohnt noch hier, aber meine Tochter wohnt jetzt in Berlin und hat schon Kinder.
Frau Renger	Dann sind Sie ja schon stolzer Opa.
Herr Langer	Ja, ja. Ich habe zwei Enkeltöchter und einen Enkelsohn.
Frau Renger	Und was macht Ihr Sohn beruflich?
Herr Langer	Mein Sohn ist Koch hier in Hamburg. Er kocht oft für mich und meine Frau. Das ist fantastisch.

ÜBUNG
16

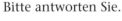

Bitte antworten Sie.

a) Wie viele Geschwister hat Frau Renger?

b) Was machen ihre Schwestern beruflich?

c) Wo wohnt die Tochter von Herrn Langer?

d) Wo wohnt sein Sohn und was macht er beruflich?

e) Wie viele Enkelkinder hat Herr Langer?

Ein → einen

Das ist ein Hund. (der Hund)
Das ist ein Kaffee. (der Kaffee)

Familie Semmelbein	hat	ein**en** Hund.
Frau Semmelbein	trinkt	ein**en** Kaffee.
subject	*verb*	*object*

*As you can see, the article for masculine nouns (**ein**) changes for the object (to **einen**) if you have a subject (e.g. **Familie Semmelbein**) and an object (e.g. **Hund**). This happens when you use almost any verb apart from **sein** (to be), e.g. Harro ist ein Hund.*

*You will see more of this structure in **Lektion 5**. Here you have the opportunity to practise these changes.*

ÜBUNG
17

Frau Hochstädter und Herr Gunesay sprechen über ihre Familien.
Hören Sie zu!
Welche Antwort passt?

a) Frau Hochstädter hat
1 einen Bruder und zwei Schwestern.
2 einen Bruder und eine Schwester.
3 zwei Brüder und eine Schwester.

b) Ihre Geschwister wohnen
1 auch in Hamburg.
2 in Österreich und Deutschland.
3 in Österreich.

c) Herr Gunesay hat noch
1 fünf Geschwister.
2 zwei Geschwister.
3 keine Geschwister.

d) Die Eltern von Herrn Gunesay
1 wohnen in Hamburg und haben einen Kiosk.
2 wohnen in Hannover und haben einen Kiosk.
3 wohnen in der Türkei und haben einen Kiosk.

☺ **Kiosk**: die, der oder das? *Can you find out which gender it is?*

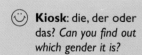

NÜTZLICHE AUSDRÜCKE

	Fragen (Sie- und Du-Form)	Antworten
Familie	Haben Sie ... / Hast du ... Kinder / Geschwister / Enkelkinder?	Ich habe ... ein**en** Sohn / Bruder usw. kein**en** Sohn / Bruder. drei Söhne / Brüder usw. eine Tochter / Schwester usw. zwei Töchter / Schwestern usw. keine Geschwister / Kinder usw.
Alter	Wie alt ist ... Ihr / dein Sohn / Vater usw? Ihre / deine Tochter / Mutter usw.?	Mein Sohn / Vater usw. ist ... Meine Tochter / Mutter usw. ist ...
Beruf	Was macht ... Ihr / dein Sohn usw. beruflich? Ihre / deine Tochter usw. beruflich?	Sein Beruf ist ... / Er ist ... Ihr Beruf ist ... / Sie ist ...
Familienstand	Ist Ihr / dein Sohn usw. verheiratet? Ist Ihre / deine Tochter usw. verheiratet?	Er ist ... Sie ist ...
Haustiere	Haben Sie / Hast du Haustiere?	Ich habe ein**en** Hund Ich habe ein**e** Katze Ich habe **keine** Haustiere.

ÜBUNG
18

Familienbeziehungen
Family relationships

Partner A: *Take either the role of Petra or Otto whose details are given on the next page. Be prepared to talk about your family relationships. Partner B has similar information about another family. Find out as much as you can from him or her by using the questions and answers as a guide. Take some notes (in German) and write a short portrait of your partner.*

Partner B → *page 245.*

Angaben zur Person
Personal details

Name: Petra Siegel - 48 Jahre alt
verheiratet mit Otto
wohnt in Düsseldorf
ist Kindergärtnerin

Name: Otto Siegel - 51 Jahre alt
verheiratet mit Petra
wohnt in Düsseldorf
ist Architekt

Kinder: zwei Töchter, einen Sohn
Töchter: Steffi, 23, studiert Medizin; Sandy: 21, arbeitet als Sekretärin
Sohn: Marcus, 18, geht noch zur Schule

Eltern
Mutter: Edeltraud, 68, war Lehrerin, pensioniert
Vater: Heinrich, 72, war Beamter

Eltern
Mutter: Sieglinde, 74, war Hausfrau
Vater: Georg, 75, war Boxer

Geschwister: eine Schwester, einen Bruder
Schwester: Margret, 51, arbeitet in einer Bank
Bruder: Philipp, 38, ist Arzt; beide verheiratet

Geschwister: zwei Schwestern, einen Bruder
Schwestern: Julia, 53, war Schwimmlehrerin; Anna, 49, ist Hausfrau
Bruder: Karl, 56, Sportjournalist

Enkelkinder: Valerie und Boris

Haustiere: zwei Katzen - Cäsar und Cleopatra

ÜBUNG **19**

Meine Familie

Schreiben Sie so viel wie Sie können über Ihre Familie, Eltern, Geschwister usw.
Write as much as your German will allow about your family, parents, brothers and sisters, etc. For more vocabulary relating to family members, see Checkliste, *page 77.*

London, den 2. Juli
Liebe Kirstin,

mein Name ist Richard Woods. Ich wohne in London. Ich bin verheiratet und habe einen Sohn und eine Tochter: Meine Frau heißt Mandy und meine Tochter heißt ...

TIPPS ZUR AUSSPRACHE
1.40

Hören Sie zu und sprechen Sie nach!
Here are some nouns with their plural forms. Notice what an important difference the adding of an Umlaut can make to the pronunciation and to the meaning:

Tochter, Töchter, Koch, Köche, Mutter, Mütter, Kuss, Küsse.

 What are the plural forms of these words? Bruder, Sohn, Buch.

Grammatik
Possessive adjectives

Possessive adjectives enable you to say that something is *yours*, *his*, *hers*, *ours*, etc. In German the possessives take the same ending as **ein** (*indefinite article*).

	Masculine nouns: **der**	Feminine nouns: **die**	Neuter nouns: **das**
ich	Das ist mein Hund.	Das ist meine Katze.	Das ist mein Bier.
du	Ist das dein Hund?	Ist das deine Katze?	Ist das dein Bier?
er	Das ist sein Hund.	Das ist seine Katze.	Das ist sein Bier.
sie	Das ist ihr Hund.	Das ist ihre Katze.	Das ist ihr Bier.
es	Das ist sein Hund.	Das ist seine Katze.	Das ist sein Bier.
wir	Das ist unser Hund.	Das ist unsere Katze.	Das ist unser Bier.
ihr	Ist das euer Hund?	Ist das eure Katze?	Ist das euer Bier?
Sie	Ist das Ihr Hund?	Ist das Ihre Katze?	Ist das Ihr Bier?
sie	Ist das ihr Hund?	Ist das ihre Katze?	Ist das ihr Bier?

The **plural** for all genders takes the **-e** ending:

Das sind unsere Katzen.   *Those are our cats.*
Sind das deine Bücher?   *Are those your books?*

Kein takes the same endings as **mein**, **dein**, etc.:

Das ist keine Bank! (fem. sing.)   *That's not a bank!*
Habt ihr kein Bier? (neut. sing.)   *Don't you have any beer?*

Plural of nouns

You have now met several different kinds of plural nouns:

nouns which do not change	**ein Engländer**	**zwei Engländer**
nouns which add **-nen**	**eine Amerikanerin**	**zwei Amerikanerinnen**
nouns which add an Umlaut	**ein Bruder**	**zwei Brüder**
nouns which add an **-e**	**ein Hund**	**zwei Hunde**
nouns which add an Umlaut and an **-e**	**ein Sohn**	**zwei Söhne**
nouns which add **-er**	**ein Kind**	**zwei Kinder**
nouns which add an Umlaut and **-er**	**ein Buch**	**zwei Bücher**
nouns which add an **-s**	**ein Hobby**	**zwei Hobbys**
A very common plural form for feminine nouns is **-en** or **-n**	**eine Bank**	**zwei Banken**
	eine Kneipe	**zwei Kneipen**

The nominative and accusative cases

In the sentence *My friend has a son*, 'my friend' is said to be the *subject* of the sentence and 'a son' is said to be the *object*. In German the object has to be in what is called the *accusative case*. When using the indefinite article ('a') for *masculine* nouns in the *accusative*, the correct form to use is **einen**. The feminine and neuter forms are the same as in the nominative (**eine** and **ein**):

| Subject | Verb | Object | Gender of the object |
NOMINATIVE CASE		ACCUSATIVE CASE	
Mein Freund	hat	einen Sohn.	Masculine
Meine Tochter	hat	einen Hund.	Masculine
Mein Vater	kauft	eine Kneipe.	Feminine
Ich	trinke	ein Bier.	Neuter

Mehr Übungen ...

1   Verben. Ergänzen Sie.
    Complete.

   a) ____ du gern Pizza? (essen)
   b) Sein Hobby ____ Wandern. (sein)
   c) ____ du Deutsch? (sprechen)
   d) Er ____ Karten. (spielen)
   e) ____ ihr Deutsch? (sprechen)
   f) Ich ____ gern. (fotografieren)
   g) Er ____ Zeitung. (lesen)
   h) Ihre Hobbys ____ Sport und Reisen. (sein)

2   Singular und Plural. Ergänzen Sie.

	Singular	**Plural**
Beispiel	Tochter	Töchter
a)	Tante	_____
b)	_____	Söhne
c)	_____	Brüder
d)	_____	Nichten
e)	Schwester	_____
f)	Vater	_____
h)	_____	Kinder
i)	_____	Opas

3   Welche Antwort passt?

   a) Schwimmen Sie gern?
      1 Ja, ich spiele sehr gern Fußball.
      2 Ja, ich schwimme gern.
      3 Nein, ich wandere nicht gern.

   b) Was macht Frau Baier?
      1 Sie liest ein Buch.
      2 Sie arbeitet gern im Garten.
      3 Ja, sie arbeitet bei einer Bank.

c) Haben Sie Geschwister?
   1 Nein, ich bin ledig.
   2 Nein, ich habe keine Schwester.
   3 Ja, ich habe einen Bruder.

d) Was macht Ihre Schwester beruflich?
   1 Er ist Busfahrer.
   2 Sie ist Krankenschwester.
   3 Sie hat zwei Enkelkinder.

4   Brieffreundschaften
Schreiben Sie die Porträts der Leute von Übung 9 (Seite 66) in der 3. Person Singular (sie oder er).
Write portaits of the people from Übung 9 (page 66) in the 3rd person singular – she or he.

a) Sein Name ist Thorsten Schmidt. **Er** kommt aus Berlin und ist _____ .
b) **Sie** heißt _____ .
c) Michael kommt aus _____ .
d) **Ihr** Name _____ .

5   Ein Brief. Marcus Siegel, der Sohn von Petra und Otto Siegel (Übung 18) schreibt einen Brief an einen Freund. Welche Wörter fehlen?
A Letter. Marcus Siegel, son of Petra and Otto – Übung 18 – writes a letter to a friend. Which words are missing?
Check again on page 73.

Boxer – Mein – einen – Tanten – eine – einen – Architekt – unsere – Mein – hört – studiert – keinen – zwei – Meine

---

Düsseldorf, 1. Februar

Lieber Michel,

unsere Familie ist sehr groß: Ich habe noch _____ Schwestern, aber _____ Bruder. Meine Schwester Steffi _____ BWL. Sandy ist Sekretärin und hat _____ Tochter und _____ Sohn. _____ Vater heißt Otto und ist _____ . _____ Mutter ist super, sie ist sehr modern und _____ gern Weltmusik. Ich habe auch noch zwei Omas und zwei Opas. _____ Opa Georg ist interessant: Er war _____ . Außerdem habe ich noch drei _____ und zwei Onkel. Na ja, und _____ Neffen: Boris, 2 Jahre alt. Und natürlich _____ Katzen: Cleopatra und Cäsar. Wie ist deine Familie?

Bis bald.
Dein Marcus

Now you have completed Lektion 4, can you:

                                                     tick

1   talk about people's leisure pursuits and hobbies? ☐
    See pages 61–2.

2   say what you like and don't like doing? ☐
    See pages 63–5.

3   talk about your family and say whether you have any children, brothers and sisters, etc.? ☐
    See pages 67–70.

Checkliste

Was haben Sie gelernt?

FRAGEN	*Questions*
Was ist dein/ Ihr Hobby?	*What is your hobby?*
Tanzen Sie gern?	*Do you like dancing?*
Reisen Sie gern?	*Do you like travelling?*
Haben Sie Geschwister?	*Do you have brothers and sisters?*
Was macht Ihr Bruder beruflich?	*What does your brother do?*
Ist Ihre Tochter verheiratet?	*Is your daughter married?*

VERBEN	*Verbs*
essen	*to eat*
finden	*to find, think*
fotografieren	*to take photos*
hassen	*to dislike, hate*
kaufen	*to buy*
kochen	*to cook*
lesen	*to read*
lieben	*to like very much, love*
reisen	*to travel*
schwimmen	*to swim*
suchen	*to look for, seek*
tanzen	*to dance*
trinken	*to drink*
wandern	*to hike, ramble*

ADJEKTIVE	*Adjectives*
doof	*stupid* (colloquial)
klasse	*great, super*

FAMILIE	*Family*
die Mutter (¨)	*mother*
der Vater (¨)	*father*
das Kind (-er)	*child*
der Bruder (¨)	*brother*
die Schwester (-n)	*sister*
das Enkelkind (-er)	*grandchild*
die Großmutter (¨)	*grandmother*
der Großvater (¨)	*grandfather*
der Neffe (-n)	*nephew*
die Nichte (-n)	*niece*
der Onkel (-)	*uncle*
der Sohn (¨e)	*son*
die Tante (-n)	*aunt*
die Tochter (¨)	*daughter*
der Schwager (¨)	*brother-in-law*
die Schwägerin (-nen)	*sister-in-law*
die Schwiegermutter (¨)	*mother-in-law*

der Schwiegervater (¨)	*father-in-law*
der/die Verlobte	*fiancé(e)*
der Partner (-)/ die Partnerin (-nen)	*partner*
Stief-	*step-*
der Stiefsohn (¨e)	*stepson*
die Stieftochter (¨)	*stepdaughter*
der Hund (-e)	*dog*
die Katze (-n)	*cat*

HOBBYS	*hobbies*
das Lesen	*reading*
die Musik	*music*
das Segeln	*sailing*
das Wandern	*hiking, rambling*
das Tanzen	*dancing*
das Fallschirmspringen	*parachuting*
das Fitnesscenter	*fitness centre*
das Motorradfahren	*motor cycling*
das Reisen	*travelling*
die Weltmusik	*world music*

MEHR NOMEN	*More nouns*
der Kiosk (-e)	*kiosk*
der Krimi (-s)	*detective novel*
der Wein (-e)	*wine*
die Umfrage (-n)	*survey*
die Zeitung (en)	*newspaper*

5 | *fünf* Essen und Einkaufen

- Asking the way
- Ordering food and drink
- Shopping – asking and giving prices
- Saying how often you do things
- Stating preferences

- *More on the accusative case*
- *More noun plurals*
- *The imperative*

A | Gibt es hier in der Nähe ein Café?

ÜBUNG **1**

Lesen und Lernen

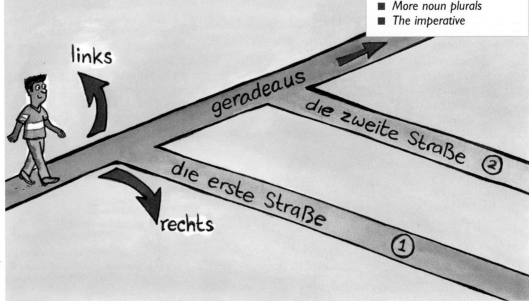

links

geradeaus

die zweite Straße ②

die erste Straße ①

rechts

ÜBUNG **2**

Hören Sie zu!

Listen to the three dialogues and match the maps to the dialogues.

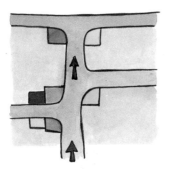

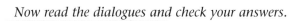

Now read the dialogues and check your answers.

– Entschuldigen Sie, bitte. Gibt es hier in der Nähe eine Bank?
– Ja, gehen Sie die erste Straße links. Da ist eine Bank.
– Ist es weit?
– Nein, ungefähr fünf Minuten.

a

– Entschuldigung. Gibt es hier in der Nähe einen Supermarkt?
– Mmh. Einen Supermarkt? Na klar, gehen Sie immer geradeaus. Dort finden Sie einen 'Plus'-Markt.
– Ist es weit?
– Nein, etwa 400 Meter.

b

– Hallo, entschuldigen Sie. Gibt es hier in der Nähe ein nettes Café?
– Ja, natürlich. Das Café Hansa. Gehen Sie hier rechts um die Ecke. Es ist nicht weit. Dort ist der Kuchen ausgezeichnet.

c

V O K A B E L N

Gibt es hier in der Nähe einen/eine/ein ...?	Is there a ... nearby?
Ist es weit?	Is it far?
ungefähr, etwa	about
na klar	of course
um die Ecke	around the corner
Es ist nicht weit.	It's not far.
der Kuchen	cake

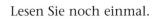

Lesen Sie noch einmal.

Can you work out when to use einen, eine *and* ein *after* Gibt es hier in der Nähe ...?

der Akkusativ

Masculine – **der**	Gibt es hier in der Nähe **einen** ...	Supermarkt Park Biergarten	?
Feminine – **die**	Gibt es hier in der Nähe **eine** ...	Bank Kneipe Kirche	?
Neuter – **das**	Gibt es hier in der Nähe **ein** ...	Café Hotel Kino	?

ÜBUNG
3

Was fragen die Leute?

Setzen Sie die fehlenden Wörter ein.
Fill in the missing words.

a
Entschuldigen Sie.
Gibt es hier in ___ ___
___ Bank?

b
Entschuldigung.
Gibt ___ ___ ___ ___
___ ___ ___?

c
Entschuldigung.
Gibt es ___ ___ ___ ___
___ Park?

d
Entschuldigen
Sie, bitte. ___ ___ ___
___ ___ ___
Biergarten?

ÜBUNG
4

Wohin gehen die Leute? Schreiben Sie,
was die Leute finden.

Sie stehen auf dem X.

a) Gehen Sie geradeaus und dann links in die Hauptstraße.
Nehmen Sie die erste Straße rechts. Das ist die
Rathausstraße. Dort finden Sie rechts _____ _____ .

b) Gehen Sie geradeaus und nehmen Sie die erste Straße
rechts, die erste Straße links und dann wieder rechts in
die Kantstraße. Dort finden Sie links _____ _____ .

c) Gehen Sie geradeaus und dann rechts in die
Hauptstraße. Nehmen Sie die zweite Straße links und
dort finden Sie links _____ _____ .

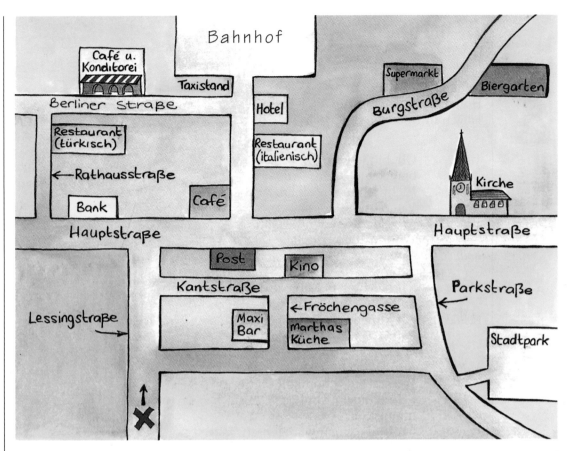

Ein Stadtplan von Gellingen

Helfen Sie den Leuten! Was sagen Sie?

Beispiel
Die Frau braucht Geld.
Sie: Gehen Sie geradeaus und dann links in die
Hauptstraße. Dort finden Sie rechts eine Bank.

a) Der Mann braucht eine Telefonkarte.
   Sie: Gehen Sie _____ _____ .
b) Die Personen brauchen Kuchen, Kaffee und ein Eis.
   Sie: Gehen Sie _____ _____ .
c) Die Leute brauchen frische Luft.
   Sie: Gehen Sie _____ _____ .

Fragen Sie Ihren Partner.
Take it in turns to ask each other for more directions.

Beispiele
Wo finde ich hier in der Nähe ein Taxi, bitte?
Entschuldigen Sie, bitte. Wo ist hier der Bahnhof?

B | Im Café: Teil I

In a café: Part I

1.42

Was trinken Sie, bitte?

Hören Sie zu und beantworten Sie die
Fragen in Übungen 8, 9, 10!

Ich bin durstig.	I am thirsty.
zu dick	too fat
gesund	healthy
bestellen	to order
kühl	cold / chilled
lecker	delicious

Vater	Oh, bin ich durstig. Ich brauche jetzt ein Bier.
Mutter	Nicht schon wieder ein Bier, Vater. Du bist zu dick.
Vater	Ach, Bier ist gesund. Hallo. Wir möchten bestellen.
Kellner	Guten Tag. Was möchten Sie, bitte?
Mutter	Ich möchte ein Mineralwasser und einen Kaffee, bitte.
Kellner	Ein Mineralwasser und einen Kaffee. Und was trinken Sie, bitte?
Vater	Also, ich nehme ein Weizenbier. Schön kühl, bitte.
Kellner	Kein Problem. Und was nimmst du?
Junge	Ich trinke einen Orangensaft. Mit Eis.
Kellner	Und du? Was möchtest du?
Mädchen	Ich möchte eine Limonade. Aber ohne Eis. Limonade schmeckt lecker.

Speisekarte

Warme Getränke

		€
Tasse Kaffee		2,30
Cappuccino		2,50
Heiße Schokolade		2,50
Schwarzer Tee	Glas	2,20

Kuchen

Butterkuchen	1,80
Schwarzwälder Kirschtorte	3,10
Diverse Obstkuchen	2,70
Portion Sahne	0,90

Eis-Spezialitäten

Gemischtes Eis (3,5 Kugeln)	2,90	4,90
Pfirsich Melba		4,10
Krokant-Becher		4,50

Alkoholfreie Getränke

Coca Cola 0,2 l	2,20
Limonade 0,2 l	2,20
Frisch gepresster Orangensaft 0,2 l	3,80
Mineralwasser 0,33 l	2,50

Biere

König Pilsener 0,33 l	3,00
Weizenbier 0,5 l	3,80

Alle Preise einschließlich Bedienung und Mehrwertsteuer

Richtig oder falsch?
Korrigieren Sie die falschen Aussagen.

	Richtig	Falsch
a) Der Vater ist durstig.	☐	☐
b) Er möchte eine Limonade.	☐	☐
c) Die Mutter findet, er ist zu dick.	☐	☐
d) Aber der Vater findet, Bier ist gesund.	☐	☐
e) Die Mutter bestellt einen Orangensaft und einen Zitronentee.	☐	☐
f) Der Vater bestellt ein Bier.	☐	☐
g) Der Junge bekommt eine Cola und einen Hamburger.	☐	☐
h) Das Mädchen findet, Limonade schmeckt lecker.	☐	☐

ÜBUNG
9

Variationen

Was kann man auch sagen?
What else can you say?

a) Was sagt der Kellner:
   Was trinken Sie, bitte?
   Was _____ Sie, bitte?
   Was _____ Sie, bitte?

b) Was sagen Sie:
   Ich möchte einen Kaffee.
   Ich _____ einen Kaffee.
   Ich _____ einen Kaffee.

ÜBUNG
10

Getränke: Der, die oder das?

Lesen Sie den Dialog in Übung 7 noch einmal. Wie heißen die fehlenden Artikel?
Read the dialogue in Übung 7 again. Can you find out the missing articles for the drinks?

a) der Tee
b) die Cola
c) _____ Mineralwasser
d) _____ Bier
e) _____ Orangensaft
f) der Wein
g) _____ Kaffee
h) der Schnaps
i) der Sekt
j) die Milch

11

Lesen und Lernen

Die Leute möchten:

eine Tasse   ein Glas   eine Flasche   eine Dose   einen
Kaffee   Wasser   Wein   Cola   Becher Eis

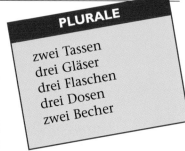

PLURALE

zwei Tassen
drei Gläser
drei Flaschen
drei Dosen
zwei Becher

Aufpassen!
Sie bekommt **ein** Eis.
aber Sie bekommt **einen** Becher Eis.　　(der Becher)

Ich nehme **einen** Kaffee.
aber Ich nehme **eine** Tasse Kaffee.　　(die Tasse)

Er trinkt **einen** Weißwein.
aber Er trinkt **ein** Glas Weißwein.　　(das Glas)

*The German word for 'pot'
is* **Kännchen** *(s.pl.)*

12

Ergänzen Sie die Dialoge und spielen Sie die Rollen.

nehmen – möchten – trinken

a)
Kellner　　Was m_____ Sie, bitte?
Frau 1　　Ich n*ehme* ein*en* Kaffee.
Kellner　　Ein... Kaffee. Und was m_____ Sie?
Herr　　Also, ich t_____ ein... Wasser.
Kellner　　Und was n_____ Sie?
Frau 2　　Ich n_____ ein ... Orangensaft.

b)
Kellner　　Was n_____ Sie?
Herr 1　　Ich n_____ ein... Mineralwasser.
Kellner　　Und Sie? Was m_____ Sie?
Herr 2　　Ich m_____ ein... Tomatensaft mit einem
　　　　　　Schuss Wodka.
Frau　　Und ich t_____ ein... Tasse Tee.

Ü B U N G
13

1.43

C | Im Café – Teil 2

Wer bekommt was?

Hören Sie zu!

Kellnerin	Guten Tag! Mein Kollege hat jetzt Feierabend. Ich bin also nicht ganz sicher, wer was bekommt. (*zu der Mutter*) Bekommen Sie den Orangensaft und das Eis?
Mutter	Nein, ich bekomme das Mineralwasser und den Kaffee. Mein Sohn bekommt den Orangensaft und das Eis.
Kellnerin	Gut! Bitte schön. (*zum Mädchen*) Und du? Du bekommst sicher die Limonade.
Mädchen	Ja, richtig! Die Limonade bekomme ich.
Vater	Und ich bekomme das Weizenbier.
Kellnerin	So, bitte schön.
Vater	Ach, das Bier ist zu warm!
Mutter	Und der Kaffee ist zu kalt!
Kellnerin	Oh! Entschuldigung.

Richtig oder falsch?

	Richtig	Falsch
a) Der Vater bekommt den Orangensaft.	☐	☐
b) Die Mutter bekommt den Kaffee.	☐	☐
c) Das Mädchen bekommt das Weizenbier.	☐	☐
d) Das Bier ist zu kalt.	☐	☐

Making requests, placing orders ...

Ich möchte / nehme / bekomme + Akkusativ

		a	*the*
Masculine	Ich möchte ...	**einen** Kaffee	**den** Kaffee
	Meine Freundin möchte ...	**einen** Tee	**den** Tee
Feminine	Ich nehme ...	**eine** Limo	**die** Limo
	Mein Freund nimmt ...	**eine** Cola	**die** Cola
Neuter	Ich bekomme ...	**ein** Mineralwasser	**das** Wasser
	Meine Frau bekommt ...	**ein** Eis	**das** Eis

ÜBUNG
14

Wer bekommt was? Was denken Sie?
Who gets what? What do you think?

Eine Person stellt Fragen, die andere antwortet.

Beispiele
– Bekommt der Herr die Cola?
– Nein, der Herr bekommt das Bier.
– Bekommt die Dame das Bier? Nein, _____ usw.

ÜBUNG
15

1.44

Carola und Kerstin sind durstig. Welche Antwort stimmt?

a) Carola möchte
  1 ein Mineralwasser und einen Kaffee.
  2 einen Kaffee und ein Eis.

b) Carola trinkt
  1 eine Tasse Kaffee.
  2 ein Kännchen Kaffee.

c) Kerstin sagt,
  1 sie isst nicht gern Eis.
  2 Eis hat zu viele Kalorien.

d) Kerstin trinkt
  1 einen Orangensaft mit Wodka und ohne Eis.
  2 einen Orangensaft mit Wodka und mit Eis.

e) Sie essen
  1 nichts.
  2 vielleicht später.

ÜBUNG
16

Bilden Sie kleine Gruppen. Eine Person ist die Kellnerin/
der Kellner. Benutzen Sie bitte die Speisekarte von Seite
82 und bestellen Sie.
*Form small groups. One of you is the waitress/the waiter. Use
the menu from page 82 and order drinks.*

ÜBUNG
17

Was gehört zusammen?

*Match up the two sides. There may be more than one
possibility.*

a) Er möchte einen Orangensaft	1 Kaffee.
b) Frau Müller nimmt ein Kännchen	2 sehr viele Kalorien.
c) Limonade ist	3 Eis.
d) Ich möchte einen Becher	4 zu dick.
e) Ein Eis hat	5 sehr durstig.
f) Sie trinkt eine Tasse	6 Tee.
g) Ich bin jetzt	7 mit Wodka.
h) Du bist	8 lecker.

D | Lebensmittel und Einkaufen
Food and shopping

Welche Lebensmittel kennen Sie?

*Write down all the items you know and put them under the
following headings. Check the gender with your teacher or
with a dictionary. In the Checkliste you will also find more
items related to food and drinks.*

Beispiele

Lebensmittel	Obst	Gemüse	Getränke	Anderes
der Reis	der Apfel	die Kartoffel	der Tee	die Zahnpasta
das Öl	Äpfel (pl)	Kartoffeln (pl)	das Mineralwasser	

Wie heißt das?

Match the captions to the drawings.

a) Das ist eine Dose Mais.

b) Das ist eine Packung Cornflakes.

c) Das ist eine Tüte Gummibärchen.

d) Das ist ein Stück Käse.

e) Das ist eine Flasche Öl.

Can you supply the German words for:

i) can _die Dose_

ii) bag _____

iii) packet _____

iv) bottle _____

v) piece _das Stück_

Was stimmt? Finden Sie die richtigen Paare.

a)	eine Dose	1	Wein
b)	eine Flasche	2	Tomaten
c)	eine Packung	3	Salami
d)	eine Tüte	4	Bonbons
e)	ein Stück	5	Cornflakes

ÜBUNG 18

ÜBUNG 19

ÜBUNG 20

ÜBUNG
21

Verschiedene Geschäfte.

Was bekommt man hier? Finden Sie Lebensmittel, Getränke und andere Dinge, die man hier kaufen kann. *What can you get here? Find food, drinks and other things you can buy from these shops.*

Can you find at least two items for each shop?

Beispiel

Das ist eine Bäckerei. Hier kann man Brot, Brötchen und Kuchen kaufen.

Das ist eine Fleischerei (oder Metzgerei). Hier kann man _____ kaufen.

Das ist ein Markt. Hier kann man Obst, _____ kaufen.

Das ist ein Getränkemarkt. Hier kann man _____ kaufen.

> **TIPP**
> Notice that there are two words for a butcher's shop. *Die Metzgerei* is used mainly in the South and *die Fleischerei* in the North.

Das ist ein Supermarkt. Hier kann man zum Beispiel Käse, Brot _____ kaufen.

ÜBUNG
22

Was essen und trinken Sie gern?

Essen Sie gern	Fisch Gummibärchen Hamburger	?
Trinken Sie gern	Kaffee Tee Wein	?

Nützliche Ausdrücke

Ich esse **gern** Käse.
I like eating cheese.

Ich esse **lieber** Schokolade.
I prefer eating chocolate.

Was können Sie sagen? Hier sind einige Beispiele.

JA

Ja, sehr gern.
Das schmeckt lecker.
Gummibärchen sind/schmecken
fantastisch/ausgezeichnet.
Ja, ich trinke gern Kaffee, aber ich
trinke lieber Tee.
Ja, ich trinke sehr gern Rotwein.
Mein Arzt sagt, Rotwein ist gesund.

NEIN

Nein, ich esse lieber Gemüse.
Tee trinke ich nicht gern. Ich trinke
lieber Kaffee.
Gummibärchen schmecken
schrecklich / langweilig. Ich esse
lieber Müsli.
Nein, Hamburger esse ich nicht gern.
Ich esse lieber vegetarisch.

ÜBUNG
23

Und jetzt Sie!

Machen Sie eine Liste: Was essen und trinken Sie gern?
Und was nicht? Fragen Sie dann Ihren Partner.

Beispiel
A: Trinken Sie gern Bier?
B: Ja, ich trinke sehr gern Bier.
B: Nein, ich trinke lieber Wasser/Cola/Schnaps, usw.
   Und Sie?

Geld / Währung *(Money / currency)*
Man schreibt: 7,20 €   Man sagt: 7 Euro 20   oder   7 Euro und 20 Cent
Man schreibt: 6,40 €   Man sagt: 6 Euro 40   oder   6 Euro und 40 Cent

Gewichte *(Weights)*
Ein Pfund = 500 Gramm, ein halbes Kilo.
*The German pound weighs slightly more than the UK or US pound.

Im Laden
At the shop

Das ist der Laden von Herrn Denktash. Hier kann man viel kaufen: Brot und Brötchen, Butter, Käse, Wurst, Obst und Gemüse. Außerdem bekommt man Zeitungen, Süßigkeiten, Zigaretten und Getränke, Zahnpasta und vieles mehr.

Hören Sie zu und beantworten Sie die Fragen.
a) Wie viele Brötchen kauft Frau Berger?
b) Wie viel kosten die Tomaten?
c) Was für Wein kauft sie?
d) Wie viele Flaschen nimmt sie?

VOKABELN	
Was kostet/kosten ...?	What does/do ... cost?
Wie teuer ist/sind ...	How much is/are ...
Ist das alles?	Is that all?
Sonst noch etwas?	Anything else?
Das macht (zusammen) ...	That is ... / That comes to ...

Herr Denktash	Guten Tag, Frau Berger. Was bekommen Sie, bitte?
Frau Berger	Ich möchte zehn Brötchen, bitte.
Herr Denktash	Sonst noch etwas?
Frau Berger	Ja, ein Stück Salami. Was kosten die Tomaten?
Herr Denktash	1 Kilo Tomaten kostet 1,95 Euro. Sie sind ganz frisch.
Frau Berger	Ja, dann nehme ich etwa ein Pfund. Haben Sie noch den Gouda-Käse?
Herr Denktash	Ja, natürlich.
Frau Berger	Dann nehme ich 250 Gramm.
Herr Denktash	Sonst noch etwas?
Frau Berger	Wie teuer ist denn der Riesling?
Herr Denktash	Der kostet 4,20 Euro.
Frau Berger	Dann nehme ich zwei Flaschen, bitte.
Herr Denktash	Ist das alles?
Frau Berger	Ja, das ist alles.
Herr Denktash	So, das macht zusammen 18,70 Euro. ... 20 Euro. 1,30 Euro zurück.
Frau Berger	Auf Wiedersehen, Herr Denktash.
Herr Denktash	Auf Wiedersehen Frau Berger und noch einen schönen Tag.

ÜBUNG 25

Rollenspiel

Was sagt der Kunde?
What does the customer say?

Fill in the missing phrases. Act out the dialogue with a partner.

26

Was kostet ...?

Partner A fragt: Was kostet (kosten) ...?
oder Wie teuer ist ...? *oder* Wie viel kostet ... ? usw.

Partner B gibt die Preise an (Seite 246).

Partner A sagt dann: Das (die, den) nehme ich.
oder Dann nehme ich 300 Gramm.
oder Das ist mir zu teuer, usw.

Deutschland-Info

TANTE-EMMA-LÄDEN

The **Tante-Emma-Läden** were the traditional corner shops where people could buy lots of different things. As in other countries, many of these have been replaced by other forms of shops, such as supermarkets. In recent years, however, neighbourhood shops have seen something of a revival in certain cities. These are often owned and run by Turkish people.

ÜBUNG
27

1.46

Lesen Sie den folgenden Text und
beantworten Sie bitte die Fragen.

Frage der Woche:
Wie oft gehen Sie ins Restaurant?

Statistiken zeigen es: Die Lieblingsbeschäftigung der Deutschen in ihrer Freizeit ist das Fernsehen. Doch mehr und mehr Leute gehen in den letzten Jahren auch wieder essen. Wir haben vier Berliner gefragt, wie oft sie ins Restaurant gehen und was sie sonst noch machen.

a

Herr Protschnik
37, Bankangesteller

b

Herr Schmidt
65, Rentner

c

Frau de Grille
36, Architektin

d

Petra Leibniz
24, Studentin

Meistens gehe ich einmal pro Woche ins Restaurant. Ich esse sehr gern italienisch und chinesisch, aber ich koche auch viel zu Hause. Ich gehe oft ins Museum, hier in Berlin gibt es oft sehr gute Ausstellungen. Und im Sommer gehe ich gern in den Biergarten.

Wie oft ich ins Restaurant gehe? Sehr selten, vielleicht zweimal im Jahr. Meine Frau kocht sehr gut. Ich gehe lieber in die Kneipe, mindestens zweimal die Woche. Und wir gehen auch jeden Tag in den Park. Dort ist es sehr schön.

Meistens gehe ich zweimal im Monat ins Restaurant. Vorher gehen mein Mann und ich in die Oper oder ins Theater – wir haben ein Abonnement – und danach gehen wir essen. Eigentlich gehe ich auch lieber ins Café. Ich liebe Kuchen und die Kinder essen natürlich sehr gern Eis.

Ich gehe sehr selten essen. Das ist zu teuer für mich. Ich gehe lieber ins Kino. Jeden Montag ist Kino-Tag, da ist es besonders billig. Ich liebe die Filme mit Tom Cruise. Er ist sehr attraktiv. Ich gehe auch oft in die Disco. Ich tanze sehr gern.

Wie heißen die Antworten?

a) Wie oft geht Herr Protschnik ins Restaurant?

b) Wohin geht er gern im Sommer?

c) Wohin geht Herr Schmidt jeden Tag?

d) Geht Frau de Grille lieber ins Restaurant oder ins Café?

e) Was essen die Kinder gern?

f) Wohin geht Petra Leibniz oft und wie findet sie Tom Cruise?

VOKABELN

wie oft?	how often?
einmal, zweimal, dreimal, usw.	once, twice, three times, etc.
einmal pro Woche	once a week
zweimal im Monat	twice a month
meistens	mostly
mindestens	at least
jeden Tag	every day

Now read the text again and see if you can find out when to use in die, ins *and* in den. *(It has to do with gender!) Don't worry if you can't sort it out, all will be revealed later.*

N Ü T Z L I C H E   A U S D R Ü C K E

Gehen Sie/gehst du oft
Wie oft gehen Sie/gehst du
Gehen Sie/gehst du gern

ins Theater?
ins Restaurant?
in die Kneipe?
in die Oper?

Gehen Sie/Gehst du lieber ins Kino oder ins Theater?
Gehen Sie/Gehst du lieber in den Biergarten oder in die Kneipe?

Wohin gehen Sie?

in + Akkusativ

der	Ich gehe	**in den**	Park
			Biergarten
die	Ich gehe	**in die**	Oper
			Kneipe
das	Ich gehe	**ins**	Kino
			Restaurant

(see Grammatik – page 96.)

ÜBUNG
28

Ergänzen Sie, bitte.

Beispiel
Frau Jörgensen findet moderne Kunst interessant und geht oft **ins Museum**.

a) Peter und Heike essen gern chinesisch und gehen einmal in der Woche _____ _____ .

b) Herr Schweigert hört gern klassische Musik und geht oft _____ _____ _____ .

c) Frau Müller liebt Schwarzwälder Kirschtorte. Sie geht jeden Tag _____ _____ .

d) Herr Knobl trinkt gern Bier. Er geht oft _____ _____ _____ .

e) Gerd liebt alte Hollywood-Filme. Er geht oft _____ _____ .

ÜBUNG
29

Und jetzt Sie! Interviewen Sie Ihren Partner oder arbeiten Sie in kleinen Gruppen.

Was haben Sie herausgefunden? Was ist die Nr. 1 in der Klasse?

Beispiele
Wie oft gehst du ins Kino?
Gehst du oft in die Kneipe?
Gehst du lieber in die Disco oder in die Oper? usw.

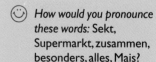

TIPPS ZUR AUSSPRACHE

1.47

Hören Sie zu und sprechen Sie nach!
The **s** *at the beginning of a word or syllable is pronounced like an English* z*:*
Saft, Sie, sehr, Sohn, gesund, lesen, Musiker, reisen.

At the end of a word or syllable the **s** *is pronounced like an English* s*:*
es, was, das, Haus, Eisbecher, Reisplatte, Auskunft, arbeitslos.

☺ *How would you pronounce these words:* Sekt, Supermarkt, zusammen, besonders, alles, Mais?

V O K A B E L N

| nie | selten | manchmal | oft/häufig | meistens | immer |
| *never* | *seldom* | *sometimes* | *often/frequently* | *mostly* | *always* |

Grammatik

The accusative (continued)

You have met a number of examples of the accusative in the last two **Lektionen**. It may help you to remember that it is only the masculine singular that requires a change to be made and that the ending then needs to be -**en**:

	Nominative	Accusative
Masc. sing.	Der Kaffee schmeckt gut.	Ich nehme d**en** Kaffee.
	Was kostet ein Salat?	Ich bekomme ein**en** Salat.
	Mein Tee schmeckt nicht.	Du trinkst mein**en** Tee!
Fem. sing.	Die Salami ist nicht teuer.	Ich nehme die Salami.
	Was kostet eine Tasse Tee?	Ich bekomme eine Tasse Tee.
	Meine Limonade schmeckt nicht.	Trinkst du meine Limonade?
Neut. sing.	Wie teuer ist das Müsli?	Ich nehme das Müsli.
	Was kostet ein Glas Bier?	Ich bekomme ein Glas Bier.
	Mein Brötchen ist nicht frisch.	Du isst mein Brötchen!
Plural	Die Pilze schmecken gut.	Ich nehme die Pilze
	Meine Würstchen sind nicht frisch.	Isst du meine Würstchen?

The -**en** ending on the masculine accusative applies to the:

definite article   **der = den**
indefinite article   **ein = einen**
negative form   **kein = keinen**
possessive adjectives   **mein = meinen**
                         unser = unseren
                         Ihr = Ihren, etc.

The accusative is also used after **in** to answer the question **wohin?** (*where to?*)

Frau Norbert geht jeden Tag **in den** Stadtpark.
Herr Gerber geht zu oft **in die** Kneipe.
Heike geht sehr oft **ins** Kino.

Noun plurals

Make sure you learn the plural forms of new nouns as you meet them. They nearly all fall into one of the categories listed in **Lektion 4.**

The singular form is preferred to the plural in certain expressions of quantity:

Drei **Pfund** Äpfel, bitte.	*Three pounds of apples, please.*
250 **Gramm** Käse.	*250 grams of cheese.*
Zwei **Stück** Kuchen.	*Two pieces of cake.*
Drei **Glas** Wein.	*Three glasses of wine.*

Imperative

The *imperative* or command form is used when you ask or tell people to do something. Examples you have already met include:

Buchstabieren Sie das, bitte.	*Please spell that.*
Entschuldigen Sie, bitte.	*Excuse (me), please.*
Gehen Sie hier rechts.	*Go right here.*

Remember that German has three forms for *you*: **Sie, du** and **ihr**. This is how you produce the imperative for all three forms:

1   Use the infinitive form of the verb + Sie:

Sprechen + Sie! ➝ Sprechen Sie! (*Speak!*)

Beispiele
Sprechen Sie bitte Deutsch.
Trinken Sie kein Bier!

2   Use the du form of the verb, omit the **du** and delete the -st:

Du sprichst ➝ Sprich! (*Speak!*)

If the verb stem ends in **s** (e.g. **lesen**) then only the final **-t** (of **liest**) is deleted:
Lies! (*Read*)

To some verbs an **e** is added: **Entschuldige bitte.** (*Excuse (me) please.*)

Verbs that have an **ä** in the du-form usually form commands with **a: du fährst** but **fahr!**

Beispiele
Sprich bitte Deutsch.
Trink kein Bier!
Fahr nicht so schnell!

3   Use the ihr-form of the verb, omit the ihr:

Ihr sprecht ➝ Sprecht! (*Speak!*)

Beispiele
Sprecht bitte Deutsch.
Trinkt kein Bier!

Mehr Übungen ...

1 Wie heißt es richtig?

How well do you know your accusative endings? Sometimes no ending is needed.

a) Elmar ist müde. Er braucht ein... Kaffee.
b) Katrin bestellt ein... Glas Bier.
c) Die Kinder sind sehr durstig. Sie bestellen ein... Orangensaft und ein... Cola.
d) Frau Paul lebt sehr gesund. Sie trinkt kein... Wein und kein... Schnaps.
e) Familie Fuhrmann hat eine kleine Party und trinkt ein... Flasche Sekt.
f) Frau Dickbein isst ein... Stück Kuchen.

2 **in + accusative – in den, in die** or **ins**? Ergänzen Sie:

a) Wie oft gehst du _____ Kino?
b) Kommst du Morgen mit _____ Oper?
c) Wir gehen jetzt _____ Museum.
d) Ich gehe nur selten _____ Theater.
e) Heike und Franz gehen heute _____ Naturpark.

3 Singular und Plural. Setzen Sie die fehlenden Formen ein.

ein(e)	**zwei**		**ein(e)**	**zwei**
a) Apfel	_____	e)	_____	Kartoffeln
b) _____	Brötchen	f)	_____	Kännchen
c) Wurst	_____	g)	Glas	_____
d) Flasche	_____	h)	Party	_____

4 Setzen Sie die fehlenden Formen ein.

du	**ihr**	**Sie**
a) _____	Geht geradeaus!	Gehen Sie geradeaus!
b) Iss kein Fleisch!	_____	Essen Sie kein Fleisch!
c) Hör zu!	Hört zu!	_____
d) _____	Kommt!	Kommen Sie!
e) Spiel Fußball!	_____	Spielen Sie Fußball!

Now you have completed Lektion 5, can you:

tick

1 ask your way and tell someone else how to get somewhere? ☐
See pages 78–81.

2 order food and drink? ☐
See pages 82–7.

3 ask and give prices? ☐
See pages 91–3.

4 say how often you do things? ☐
See pages 94–5.

5 form the imperative? ☐
See page 97.

Checkliste

Was haben Sie gelernt?

FRAGEN	*Questions*
Gibt es hier in der Nähe ein... ?	*Is there a ... nearby?*
Ist es weit?	*Is it far?*
Sonst noch etwas?	*Anything else?*
Was möchten Sie?	*What would you like?*
Was kosten die Tomaten?	*What do the tomatoes cost?*
Wie teuer ist der Wein?	*What price is the wine?*
Wie viel(e) nehmen Sie?	*How much/how many will you take?*
Wie oft gehen Sie im Monat aus?	*How often do you go out a month?*

VERBEN	*Verbs*
bekommen	*to get*
bestellen	*to order*
brauchen	*to need*
einkaufen	*to shop*
finden	*to find*
leben	*to live*
schmecken	*to taste*

LEBENSMITTEL	*Food*
der Apfel (¨)	*apple*
der Blumenkohl	*cauliflower*
das Brot (-e)	*bread*
das Brötchen (-)	*bread roll*
Cornflakes (pl)	*Cornflakes*
das Ei (-er)	*egg*
das Fleisch	*meat*
das Gemüse	*vegetables*
das Gummibärchen	*jelly bear*
der Käse	*cheese*
der Kuchen (-)	*cake*
der Mais	*sweet corn*
das Obst	*fruit*
der Pilz (-e)	*mushroom*
der Reis	*rice*
der Salat (-e)	*salad*
die Süßigkeit (-en)	*sweet, confectionery*
die Wurst (¨e)	*sausage*
das Würstchen (-)	*(small) sausage*
der Zucker	*sugar*

GETRÄNKE	*Drinks*
die Limonade (-n)	*lemonade*
die Milch	*milk*
der Orangensaft (¨e)	*orange juice*
der Sekt	*German sparkling wine*
der Schnaps (¨e)	*spirit*
der Tomatensaft (¨e)	*tomato juice*
das Wasser	*water*
der Wodka (-s)	*vodka*

BEHÄLTER	*Containers*
der Becher Eis	*dish of ice-cream*
die Dose Cola	*can of 'coke'*
die Flasche Wein	*bottle of wine*
das Glas Mineralwasser	*glass of mineral water*
das Kännchen Kaffee	*pot of coffee*
die Packung Müsli	*packet of muesli*
die Tasse Tee	*cup of tea*
die Tüte Bonbons	*bag of sweets*

ADJEKTIVE	*Adjectives*
dick	*fat*
durstig	*thirsty*
frisch	*fresh*
gesund	*healthy*
kühl	*cool*
lecker	*delicious, tasty*
spät	*late*
teuer	*dear, expensive*

RICHTUNGEN	*Directions*
geradeaus	*straight ahead*
links	*(on the) left*
rechts	*(on the) right*
um die Ecke	*around the corner*

MASSE UND GEWICHTE	*Weights and measures*
100 Gramm Salami	*100 grams of salami*
2 Kilo Kartoffeln	*2 kilos of potatoes*
ungefähr 400 Meter weiter	*about 400 metres further on*
ein Pfund Tomaten	*1 pound (500 grams) of tomatoes*

NÜTZLICHER AUSDRUCK	*Useful expression*
Ich trinke lieber Kaffee.	*I prefer drinking coffee.*

ZEITAUSDRÜCKE	*Expressions of time*
nie	*never*
selten	*seldom, rarely*
manchmal	*sometimes*
oft/häufig	*often/frequently*
meistens	*mostly*
immer	*always*
einmal, zweimal, dreimal, usw.	*once, twice, three times, etc.*
einmal in der Woche	*once a week*
zweimal im Monat	*twice a month*
mindestens	*at least*

WOHIN?	*Where (to)?*
in den Park	*to the park*
in die Kneipe	*to the pub*
ins Kino	*to the cinema*

Uhrzeiten und Verabredungen

- Booking a hotel room
- Telling the time
- Talking about daily routines
- Making appointments
- Days of the week
- Finding out what's on

- Separable verbs
- Modal verbs: können, müssen
- Word order

A | Ein Doppelzimmer, bitte.

ÜBUNG **1**

Die Wochentage

Can you put the days in the right order?

Mittwoch – Freitag – Sonntag – Montag – Donnerstag – Dienstag – Samstag / Sonnabend

ÜBUNG **2**

1.48

Im Hotel

Lesen und Lernen.

Einzelzimmer   Doppelzimmer   mit Bad   mit Dusche   der Schlüssel

Gast	Guten Tag. Haben Sie ein Zimmer frei?
Empfangsdame	Ja, ein Einzelzimmer oder ein Doppelzimmer?
Gast	Ich möchte ein Doppelzimmer für zwei Personen, bitte.
Empfangsdame	Und für wie lange?
Gast	Für zwei Nächte.
Empfangsdame	Für zwei Nächte. Von heute, Montag bis Mittwoch?
Gast	Ja. Von Montag bis Mittwoch
Empfangsdame	Möchten Sie ein Zimmer mit Bad oder mit Dusche?
Gast	Mit Bad, bitte.

Empfangsdame	Da habe ich Zimmer Nr. 14 zu 110 Euro.
Gast	Gut. Ich nehme das Zimmer.
Empfangsdame	So. Hier ist der Schlüssel. Bitte tragen Sie sich ein.
Gast	Um wie viel Uhr gibt es Frühstück?
Empfangsdame	Zwischen sieben und zehn Uhr.
Gast	Ah, vielen Dank.
Empfangsdame	Ich wünsche einen angenehmen Aufenthalt.

V O K A B E L N

Bitte tragen Sie sich ein.	*Please fill in your details.*
Um wie viel Uhr gibt es Frühstück?	*What time is breakfast?*
zwischen sieben und zehn Uhr	*between seven and ten o' clock*
Ich wünsche Ihnen einen angenehmen Aufenthalt.	*I wish you a pleasant stay.*

Richtig oder falsch?
Korrigieren Sie die falschen Aussagen.

	Richtig	Falsch
a) Der Gast nimmt ein Einzelzimmer.	☐	☐
b) Er bleibt von Montag bis Mittwoch.	☐	☐
c) Das Zimmer kostet 119 Euro.	☐	☐
d) Frühstück gibt es zwischen sieben und zehn.	☐	☐

ÜBUNG
3

Singular und Plural

Ein Doppelzimmer für: eine Nacht   Ein Zimmer für: eine Person
                        zwei Nächte   zwei Personen
                        drei Nächte   drei Personen

ÜBUNG
4

1.49–1.51

Haben Sie ein Zimmer frei?

Hören Sie bitte zu.
Listen to the three dialogues and complete the grid.

	1 Herr Muth	2 Frau Pestalozzi	3 Frau Renner
Zimmer			
Personen			
Bad / Dusche			
Nächte			
Tage			
Zimmernummer			
Preis			

Erzählen Sie:
1   Herr Muth nimmt ein Einzelzimmer für eine Person
    mit _____ . Er bleibt _____ Nächte, von _____
    bis _____ .
2   Frau Pestalozzi ... .
3   Frau Renner ... .
Was können Sie noch über die Personen sagen?

ÜBUNG
5

Was sagt der Gast?

Schreiben Sie, was der Gast sagt. Spielen Sie dann den Dialog.

Sie	Guten Tag. Haben _____ ?
Empfangsdame	Ein Einzelzimmer oder ein Doppelzimmer?
Sie	_____
Empfangsdame	Und für wie viele Nächte?
Sie	_____
Empfangsdame	Möchten Sie ein Zimmer mit Bad oder Dusche?
Sie	_____
Empfangsdame	Gut. Zimmer 14. Bitte tragen Sie sich hier ein.
Sie	_____
Empfangsdame	Zwischen sieben Uhr und neun Uhr. Ich wünsche Ihnen einen angenehmen Aufenthalt.

ÜBUNG
6

Haben Sie ein Einzelzimmer frei?

Partner A: Buchen Sie ein Zimmer. Partner B ist die Empfangsdame / der Empfangschef. Danach bucht Partner B ein Zimmer. Hier sind Ihre Details:

Partner B: Gehen Sie zu Seite 246.

After this: Make up your own details and practise more.

NATUR

ERHOLUNG

UND

SPORT

ÜBUNG 7

Pension Ingrid

Lesen Sie die Anzeige.
Read the advert.

Can you get the main information?

Pension Ingrid

Kaiserallee 19, 23570 Travemünde
☎ + Fax 0 45 02 / 7 45 92,
E-Mail info@pensioningrid.t-online.de

Lage: 100 m von Strand, Casino, Kurhaus
Zimmer mit Seeblick, Du. und WC
Doppelzi. 60,– bis 80,–, Einzelzi. 27,– bis 38,–
GANZJÄHRIG GEÖFFNET

Deutschland-Info

LOOKING AFTER YOURSELF, GERMAN STYLE

Taking **eine Kur**, which literally means *a cure*, is a common experience for many Germans. You don't have to be ill in order to take time out at a **Kurort** or spa. Most people have their **Kur** paid for them at least in part by their health insurance or **Krankenkasse**. All names of towns that start with the word 'Bad' are spa towns – e.g. Bad Homburg, Bad Hersfeld. One of the best-known German spas is Baden-Baden.

V O K A B E L N

der Strand	*beach*
das Kurhaus	*assembly room at a health resort*
der Seeblick	*view of the sea*

True or false?

	True	False
a) The beach is a long way from the hotel.	☐	☐
b) All the rooms have their own shower and toilet.	☐	☐
c) A single room costs between 27 and 38 Euros.	☐	☐
d) The guest-house is open all the year round.	☐	☐

Gehen Sie links zum Thermalbad

B | Die Uhrzeit
The time

Lesen und Lernen

Wie viel Uhr ist es?
What's the time?

– Entschuldigen Sie, bitte. Wie spät ist es?
– Zwei Uhr.

– Entschuldigung. Wie viel Uhr ist es, bitte?
– Es ist zehn nach vier.

Die 12-Stunden-Uhr
The 12-hour clock

a) Es ist zwei Uhr.

b) Es ist zehn **nach** zwei.
   Es ist zehn Minuten **nach** zwei.

c) Es ist zehn **vor** vier.
   Es ist zehn Minuten **vor** vier.

d) Es ist zwei Minuten **nach** neun.
   Es ist **kurz nach** neun.

e) Es ist **Viertel** nach fünf.

f) Es ist **Viertel** vor sieben.

g) Es ist **halb** zwei. (!)

h) Es ist **halb** fünf. (!)

ÜBUNG **10**

Wie spät ist es?

Hören Sie zu!
In what order do the following times appear?

ÜBUNG **11**

Schreiben Sie bitte die Uhrzeiten.
Now listen to the recording again and write down the times.

a) _____
b) _____
c) _____
d) _____
e) _____
f) _____

**Deutsches Uhrenmuseum
Furtwangen, Schwarzwald.
Astronomische Weltzeituhr
von Thaddäus Rinderle.**

ÜBUNG **12**

Fragen Sie nun Ihren Partner.
Take it in turns to ask each other the time.

Beispiel
Wie viel Uhr ist es, bitte? / Wie spät ist es, bitte?
Es ist Viertel nach zwei. / Es ist zwei Uhr fünfzehn., etc.

a) 2:15	c) 6:10	e) 3:30	g) 2:30
b) 5:45	d) 7:59	f) 8:50	h) 10:22

ÜBUNG 13

Lesen und Lernen

Morgens oder abends?
a.m. or p.m.?

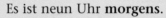

Es ist neun Uhr **morgens**.   Es ist ein Uhr **mittags**.

Es ist vier Uhr **nachmittags**. Es ist sieben Uhr **abends**.   Es ist ein Uhr **nachts**.

ÜBUNG 14

Die 24-Stunden-Uhr
The 24-hour clock

Richtig oder falsch?

	Richtig	Falsch
a) Es ist zweiundzwanzig Uhr.	☐	☐
b) Es ist siebzehn Uhr und dreißig Minuten.	☐	☐
c) Es ist acht Uhr dreißig.	☐	☐
d) Es ist vierzehn Uhr und sechsundfünfzig Minuten.	☐	☐

21:00   17:15   8:30   14:58

a   **b**   **c**   **d**

ÜBUNG
15

Üben Sie: morgens, mittags und abends.

Beispiele
Es ist ein Uhr mittags.
Es ist sechs Uhr abends, etc.

a) 1 p.m.
b) 4 p.m.
c) 8 p.m.
d) 11 p.m.
e) 9 a.m.
f) 6 a.m.
g) 3 p.m.
h) 3 a.m.

ÜBUNG
16

Üben Sie: die 24-Stunden-Uhr.

Beispiele
Es ist dreizehn Uhr.
Es ist dreiundzwanzig Uhr fünfunddreißig, etc.

a) 13:00
b) 23:35
c) 7:45
d) 18:12
e) 15:20
f) 4:17
g) 12:05
h) 00:54

ÜBUNG
17

1.54

Radio- und Fernsehprogramme
Radio and TV programmes

Hören Sie zu.
Listen and fill in the missing times.

a) Es ist _20.00_ Uhr. Hier ist das Erste
    Deutsche Fernsehen mit der
    Tagesschau.
b) _14.03_. Wetterbericht (-r)
c) _13.00_. Nachrichten (die)
d) _07.57_. Verkehrslage (die)
e) _15.44_.
f) _17.03_.

bundesweite Sender

Es ist 20 Uhr ...

ÜBUNG

18

C | Ein typischer Tag

Lesen und Lernen

Es ist sieben Uhr zehn. Frau Haase steht auf.
Danach duscht sie und frühstückt.

Um Viertel vor acht geht sie normalerweise aus dem Haus.
Ihre Arbeit fängt um halb neun an.

Frau Haase arbeitet in einer Bank. Um zehn Uhr ruft sie eine Kundin an.
Danach schreibt sie einen Brief. Um halb zwölf macht sie Mittagspause.

Um Viertel nach fünf hat sie Feierabend.
Dann geht sie in den Supermarkt und kauft ein.

Um 19.00 Uhr holt sie eine Freundin von der Arbeit ab.
Sie gehen zusammen ins Kino.

Um halb elf ist sie wieder zu Hause.
Sie sieht noch ein bisschen fern. Sie sieht die Nachrichten. Danach geht sie ins Bett.

Can you figure out what happens to the verbs aufstehen, anfangen, anrufen, etc. when they are used in a German sentence? Check your answers in the Sprachinfo *below.*

V O K A B E L N

auf|stehen	*to get up*
an|fangen	*to start*
ein|kaufen	*to shop*
ab|holen	*to fetch, pick up*
an|rufen	*to phone*
fern|sehen	*to watch TV*
dann	*then*
danach	*afterwards*
normalerweise	*normally*

Separable verbs

There is a category of verbs in German called separable verbs. This is how they work. The first part (prefix) separates from the main part (stem) and usually goes to the end of the sentence:

aufstehen	Frau Haase steht **auf**.	*Mrs Haase gets up.*
anfangen	Die Arbeit fängt um neun Uhr **an**.	*Work starts at 9 o'clock.*
einkaufen	Sie kauft im Supermarkt **ein**.	*She shops at the supermarket.*
anrufen	Sie ruft eine Kundin **an**.	*She phones a client.*
fernsehen	Sie sieht manchmal **fern**.	*She sometimes watches TV.*

Please note that from this Lektion onwards separable verbs are indicated in the blue vocabulary box and in the Checkliste *by putting a '\|' between the prefix and the main part (see above).*

ÜBUNG **19**

Üben Sie trennbare Verben!
Now test yourself on the separable verbs.

Was machen die Leute?

einkaufen – aufstehen – fernsehen – anfangen

a) Das Mädchen _____ _____ .
b) Der Mann _____ _____ .
c) Die Schule _____ um acht Uhr ___ .
d) Der Mann _____ _____ .

ÜBUNG
20

1.55

Was macht Herr Fablione?

Hören Sie bitte zu und beantworten Sie die Fragen.

a) Wann steht Herr Fablione normalerweise auf?

b) Um wie viel Uhr fängt seine Arbeit an?

c) Wann hat er Feierabend?

d) Wohin geht er mit seinen Kindern?

e) Sieht er viel fern?

f) Wie oft gehen seine Frau und er aus?

g) Wann geht er normalerweise ins Bett?

h) Was können Sie noch über Herrn Fablione sagen?

Deutschland-Info

EARLY RISERS

The working day in Germany still tends to start earlier than in Britain. Offices and schools, for instance, often start at 8.00 a.m. Some trades people, such as bakers and market traders, regularly get up as early as 3.30 or 4.00 a.m.

The earlier start means that many people finish work earlier too. **Der Feierabend** – the time when work is finished – is commonly regarded as a time to be enjoyed and not to be spent doing chores. Punctuality is generally regarded as important for Germans.

ÜBUNG
21

Ein typischer Tag

Fragen Sie Ihre Partnerin/Ihren Partner:

Beispiel
A: Wann stehen Sie normalerweise morgens auf?
B: Ich stehe normalerweise um sieben Uhr auf. / Normalerweise stehe ich um sieben Uhr auf.

Fragen	Ihr Partner	Sie
Wann stehen Sie normalerweise morgens auf?		
Um wie viel Uhr verlassen Sie normalerweise das Haus?		
Wann fängt Ihre Arbeit / Ihr Studium / Ihre Schule an?		
Wann haben Sie Mittagspause?		
Um wie viel Uhr haben Sie Feierabend?		

Wann sind Sie wieder zu Hause?			
Um wie viel Uhr essen Sie zu Abend?			
Was machen Sie abends normalerweise?			
Sehen Sie abends auch oft fern? Wenn ja, was sehen Sie gern?			
Wann gehen Sie normalerweise ins Bett?			

Feel free to form more questions. When you are not sure about something, ask your teacher.

ÜBUNG
22

Ein typischer Tag!

Schreiben Sie, was für Sie ein typischer Tag ist. Benutzen Sie **dann**, **danach** und die Uhrzeiten.

Word order
The verb in German is usually the second idea in the sentence. So if you put another idea (here: an expression of time) in the first place, the subject (I, she, the man, etc.) has to go after the verb:

Ich	verlasse	das Haus	um neun Uhr.
Um neun Uhr	verlasse	ich	das Haus.
Dann	verlasse	ich	das Haus.
I	2	3	
	VERB		

ÜBUNG
23

Ein typischer Sonntag!

Benutzen Sie **dann**, **danach**, **normalerweise**, **manchmal** und die Uhrzeiten. *Write out what you usually do on a Sunday.*

D | Ausgehen
Going out

ÜBUNG 24

Was kann man am Wochenende in Hannover machen?
Lesen Sie, was man am Sonnabend in Hannover machen kann und beantworten Sie die Fragen in Übung 25.
Read what you can do on Saturday and answer the questions in Übung 25.

V O K A B E L N

der Höhepunkt (-e)	*highlight*
die Stadtführung (-en)	*guided tour* (of the town)
der Treffpunkt (-e)	*meeting point*
das Abenteuer (-)	*adventure*
anschließend	*afterwards, subsequently*

Heute in Hannover

Die Höhepunkte fürs Wochenende

Sonnabend

13:00   Stadtführung durch Hannovers historische Altstadt, Treffpunkt: Touristen-Information

15:30   Fußball: DFB-Pokalrunde, Hannover 96 – Bayern-München. Bayern ist der Favorit. Keine Chance für Hannover 96?

20:00   Theater: Ein Sommernachtstraum, Klassiker von William Shakespeare, Gartentheater Herrenhausen – Vergessen Sie die Regenschirme nicht!

22:00   Beatsnight! Latin, R'n'B, House mit DJ Cesar, 8 Euro, PaloPalo Musikclub

Sonntag

10:00   Fahrradtour, Treffpunkt Hauptbahnhof

15:00   Theater: Die Abenteuer von Aladin – Für Kinder und Erwachsene; anschließend Kaffee und Kuchen, Faust-Theater

20:30   Konzert: Melody Makers aus Frankfurt spielen Oldies und Goldies, Brauhaus Ernst August, 5 Euro

21:00   Kino: Metropolis – der Filmklassiker mit Livemusik, Colosseum

ÜBUNG 25

Was kann man am Sonnabend machen?
Richtig oder falsch?

	Richtig	Falsch
a) Man **kann** um 13.00 Uhr eine Stadtführung **machen**.	☐	☐
b) Man **kann** ein Fußballspiel **sehen**. Hannover 96 ist der Favorit.	☐	☐
c) Abends **kann** man ins Theater **gehen**. Es gibt ein Stück von Goethe.	☐	☐
d) Um 22.00 Uhr **kann** man im PaloPalo Musik **hören** und man **kann** auch **tanzen**.	☐	☐

ÜBUNG 26

Was kann man am Sonntag in Hannover machen?

Beantworten Sie die Fragen:

a) Was kann man um zehn Uhr machen?
b) Was für ein Theaterstück kann man sehen?
c) Was kann man anschließend machen?
d) Was für Musik kann man um halb neun hören?
e) Was können Filmfans machen?

können

When you use **können** *with another verb, the other verb goes to the end of the sentence:*
Man kann ein Fußballspiel sehen.   *One can see a football match.*

When you use **können** *with a separable verb (an/fangen, an/rufen, etc.), the whole of the separable verb goes to the end of the sentence:*
Ich kann morgen anfangen.   *I can start tomorrow.*
Kannst du mich anrufen?   *Can you phone me?*

ÜBUNG 27

Was kann man noch am Wochenende machen?

What else can one do at the weekend? See how many examples you can find and write them out.

Vorschläge
Suggestions

Freunde besuchen – lange schlafen – auf eine Party gehen – auf den Flohmarkt gehen, etc.

Beispiel
Man *kann* Freunde *besuchen*. Am Wochenende *kann* man auf den Flohmarkt *gehen*. Außerdem *kann* man ...

Wie viele Beispiele haben Sie gefunden?
How many examples did you find?

Ich gehe:	**in** den Park.
	in die Kneipe.
	ins Museum.
but	**auf** den Flohmarkt.
	auf eine Party.

E| Verabredungen

Arrangements

Kommst du mit?

Are you coming with (us)?

Lesen Sie! Ein Freund fragt:

	in die Kneipe	
	ins Kino	
Ich möchte am Samstag	in den Biergarten	gehen. Kommst du mit?
	auf den Flohmarkt	
	auf eine Party	

Was können Sie sagen?

JA 👍	**NEIN** 👎
Ja, gerne.	Tut mir leid, aber ich habe leider keine Zeit.
Ja, ich komme gern mit.	Ich möchte mitkommen, aber ich muss studieren.
Na, klar komme ich mit.	Ich muss nach Köln fahren.
Ja, das ist eine tolle Idee.	Ich muss Freunde besuchen / einkaufen, etc.

Was müssen die Personen machen?
Was möchten sie machen?
What do these people have to do?
What would they like to do?

> **müssen** and **möchten**
>
> Like **können**, **müssen** sends the other verb to the end:
>
> | | |
> |---|---|
> | Ich muss heute arbeiten. | *I have to work today.* |
> | Ich muss heute Nachmittag einkaufen. | *I have to do some shopping this afternoon.* |
>
> The same applies to **möchten**:
>
> | | |
> |---|---|
> | Ich möchte heute Abend ins Kino gehen. | *I should like to go to the cinema this evening.* |

	Was muss sie/er machen?	**Was möchte sie/er machen?**
Person 1	Er muss für die Englischprüfung lernen.	Er möchte in die Kneipe gehen.
Person 2		
Person 3		
Person 4		

ÜBUNG

30

1.57

Kommst du mit ins Kino?

Hören Sie bitte den Dialog. Welche
Antworten stimmen?

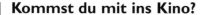

Geht es am Donnerstag?	*Is Thursday all right?*
Wann treffen wir uns?	*When shall we meet?*
Mach's gut.	*All the best.*

a) Petra möchte
 1 nächste Woche ins Kino gehen.
 2 morgen ins Kino gehen.

c) Mittwoch muss Petra
 1 ihre Schwester abholen.
 2 ihren Bruder abholen.

b) Montag muss Simone
 1 zum Geburtstag von ihren Eltern.
 2 zum Geburtstag von Birgit.

d) Der Film fängt
 1 um 7.30 Uhr an.
 2 um 8.30 Uhr an.

Lesen Sie jetzt den Dialog und überprüfen Sie Ihre
Antworten.

Petra	Hallo Simone. Na, wie geht's?
Simone	Ganz gut. Und dir?
Petra	Auch ganz gut. Simone, ich möchte nächste Woche ins Kino gehen. Es gibt einen neuen Film mit Demi Moore. Kommst du mit?
Simone	Ja, gern. Und wann?
Petra	Kannst du am Montag? Da ist Kino-Tag.
Simone	Tut mir leid. Am Montagabend muss ich zum Geburtstag von Birgit. Vielleicht Mittwoch?
Petra	Mittwochabend muss ich meine Schwester abholen. Sie kommt aus Griechenland zurück. Geht es am Donnerstag?
Simone	Donnerstag ist gut. Wann fängt der Film an?
Petra	Um halb neun. Wann treffen wir uns?
Simone	Um acht vielleicht?
Petra	Sehr gut. Dann bis Donnerstag um acht.
Simone	Mach's gut. Bis dann.

Times of day

morgens	*but*	Montagmorgen
mittags		Dienstagmittag
nachmittags		Freitagnachmittag
abends		Sonntagabend

The preposition used with days of the week is **am**
*– short for 'an dem' – but people drop it, as in
English.*
(Am) Montag fahre ich nach Berlin.
(On) Monday I'm going to Berlin.

🙂 **Eine Übung für Grammatik-Experten**
Wie viele trennbare Verben können Sie
finden?

ÜBUNG 31

Kommst du mit essen? Was antworten Sie?
Schreiben Sie die Antworten auf.

Jutta	Hallo, hier ist Jutta. Wie geht's?
Sie	_____

(Return the greetings, say you are fine and ask how she is.)

Jutta	Ganz gut, danke. Klaus und ich möchten nächste Woche essen gehen. Wir möchten in die neue Pizzeria „La Mamma" gehen. Kommst du mit?
Sie	_____

(Say that you would like to and ask when.)

Jutta	Kannst du Dienstagabend?
Sie	_____

(Say you are sorry but you can't make Tuesday evening. You have to work.)

Jutta	Und am Freitag?
Sie	_____

(Say you are sorry and that you are going to the theatre. Ask if Saturday evening is all right.)

Jutta	Ja, Samstag geht es.
Sie	_____

(Ask what time you should meet up.)

Jutta	Acht Uhr vielleicht?
Sie	_____

(Say 8 o'clock is fine. Say 'bye until Saturday evening.)

Jutta	Ja, bis Samstag. Und iss nicht so viel vorher!

Now listen to the recording to check your answers. Bear in mind that in many cases more than one answer is possible.

Now practise the dialogue with a partner.

ÜBUNG 32

Mehr Verabredungen

Schreiben Sie oder spielen Sie ähnliche Dialoge.

TIPPS ZUR AUSSPRACHE

Hören Sie zu und sprechen Sie nach!
Wherever the letter **z** *comes in a word it is pronounced as ts. Make sure you give this sound its full force and don't slip into using the English letter* **z**:

Zahl, zwei, zehn, zwölf, zwanzig, Zeit, Zentrum, Zimmer, Zahnmedizin, Zeitung, Flugzeug, Französisch, bezahlen, tanzen, kurz, ganz, stolz.

 How would you pronounce these words: zentral, Herz, Münze?

Grammatik

Verbs and vowel changes

In this Lektion you have met some more irregular verbs with a vowel change like **sprechen** or **essen**, which were introduced in Lektion 4.

verlassen	Um 8.30 Uhr verlässt er das Haus.	*At 8.30 he leaves the house.*
anfangen	Wann fängt die Schule an?	*When does school begin?*
fahren	Fährst du nach Berlin?	*Are you going to Berlin?*
sehen	Er sieht einen Film.	*He sees (watches) a film.*

Separable verbs

In English there are verbs such as *to get up*, *to pick up* and *to come along* where the verb is made up of two parts. In German too there are verbs like this, but in the infinitive (the form that appears in the dictionary) the two parts are joined together: **aufstehen**, **anfangen**, **abholen**, etc. When you use these verbs, you normally need to separate the first part (prefix) from the main part (stem) and send the prefix to the end of the sentence:

aufstehen	Wann stehst du **auf**?	*When do you get up?*
anfangen	Der Film fängt um sechs Uhr **an**.	*The film starts at 6 o'clock.*
abholen	Ich hole dich um acht Uhr **ab**.	*I'll pick you up at 8 o'clock.*

Modal verbs *können* and *müssen*

There is a special group of verbs called modal verbs. You have met two of these already. They are **können** and **müssen**. Modal verbs behave differently from ordinary verbs: they do not take the usual endings in the **ich** and **er**, **sie** and **es** forms:

ich kann	wir können	ich muss	wir müssen
du kannst	ihr könnt	du musst	ihr müsst
Sie können	Sie können	Sie müssen	Sie müssen
er/sie/es kann	sie können	er/sie/es muss	sie müssen

Modal verbs are usually used together with another verb. This second verb is normally in the infinitive and goes to the end of the sentence:

Er kann sehr viel Bier trinken.	*He can drink a lot of beer.*
Ich muss morgen nach Berlin fahren.	*I have to go to Berlin tomorrow.*
Können Sie Deutsch sprechen?	*Can you speak German?*

When you use **können** or **müssen** with a *separable* verb, the prefix of the separable verb joins up with its stem at the end of the sentence:

Kannst du heute Abend **mit**kommen?	*Can you come along this evening?*
Ich muss morgen früh **auf**stehen.	*I have to get up early tomorrow.*

Möchten is formed from another modal verb **mögen** (*to like*). It too sends the second verb to the end of the sentence:

Ich möchte heute Abend ins Kino gehen.	*I should like to go the cinema this evening.*
Kirsten und Frank möchten mitkommen.	*Kirsten and Frank would like to come along (with us).*

Word order

As you learned earlier in this unit, the verb in German is usually the second idea in the sentence. First place in the sentence can be taken by a time expression or by other elements, even by the object. The verb, however, needs to be in second place and this often means putting the subject in third place. In grammatical terms this is called **subject-verb inversion**.

1	2	3	4
Ich	trinke	eine Tasse Kaffee	zum Frühstück.
Zum Frühstück	trinke	ich	eine Tasse Kaffee.
Eine Tasse Kaffee	trinke	ich	zum Frühstück.

Mehr Übungen ...

1 Ein Tag im Leben von Herrn Reinhard. Was macht er?
   A day in the life of Herr Reinhard. What does he do?

   6:30 aufstehen
   7:00 zur Arbeit fahren
   9:00 eine Kundin anrufen
   12:30 zur Bank gehen
   17:00 einkaufen
   19:00 mit Bernd, Helga und Ulrike in die Kneipe gehen
   22:00 fernsehen

   Write a short account of Herr Reinhard's day and have it checked by your teacher.

   Um 6.30 Uhr steht er auf. Danach fährt er ... .

2 Wie heißt es richtig?

   Can you put the sentences in the right order? There might be more than one possibility for some sentences.

   a) gibt – es – Frühstück? – um wie viel Uhr
   b) möchte – ich – mit Bad und Dusche – ein Zimmer
   c) sehr gut – Tango tanzen – er – kann
   d) kann – man – was – machen? – in London
   e) essen gehen – ich – möchte – am Dienstag
   f) sprechen – Frau Johnson – Deutsch – kann – sehr gut
   g) heute – Herr Krause – arbeiten – muss – bis 8.00 Uhr
   h) nach New York – Frau Dr. Schmidt – fliegen – am Montag – muss

3 Es tut mir leid, ich kann nicht kommen! *Sorry, I can't come!*

An old colleague has invited you to his birthday party. You were there last year and it was a disaster: the food was awful, the music terrible and the other guests unfriendly. Read the invitation on the right and write to Karl-Heinz, and state why you can't make it this year. You can use some of the examples given or make up your own excuses.

> *Einladung*
>
> Nächsten Samstag, dem 27.4.,
> ist wie jedes Jahr meine Geburtstagsfeier.
> Unsere Feier fängt um 18.00 Uhr an.
> Wie immer gibt es gutes Essen
> und Herr Fritz macht Musik auf seiner Hammondorgel.
> Bis Samstag.
> Ihr Karl-Heinz Schulz

Ausreden
Excuses
bis Mitternacht arbeiten – 500 irreguläre Verben für die Englischprüfung lernen – meiner Frau/meinem Mann bei der Gartenarbeit helfen, etc.

> Lieber Karl-Heinz,
>
> es tut mir leid, aber dieses Jahr kann ich leider nicht kommen. Ich muss zu viele Sachen machen: Am Montag muss ich _____ . Am Dienstagabend muss _____ _____ . Am Mittwoch _____ . Am Donnerstag _____ . Am Freitagnachmittag _____ . Am Samstagmorgen _____ . Am Samstagabend bin ich dann so müde, da muss ich schlafen.
>
> Vielleicht bis nächstes Jahr.
>
> Ihr _____

Now you have completed Lektion 6, can you:

		tick
1	book a hotel room? *See pages 100–2.*	☐
2	ask or tell someone the time? *See pages 104–7.*	☐
3	tell someone your daily routine? *See pages 108–11.*	☐
4	ask or say what's on (e.g. at the weekend)? *See pages 112–3.*	☐
5	make arrangements to meet up with someone? *See pages 114–6.*	☐

Checkliste

Was haben Sie gelernt?

FRAGEN	Questions
Wie viel Uhr ist es?	What time is it?
Wie spät ist es?	What's the time?
Wann stehen Sie morgens auf?	When do you get up in the morning?
Wann fängt Ihre Arbeit an?	When does your work start?
Sehen Sie abends fern?	Do you watch TV in the evening?
Wann gehen Sie ins Bett?	When do you go to bed?
Wo treffen wir uns?	Where shall we meet?

ZEITANGABE	Telling the time
Es ist zwei Uhr.	It's two o'clock.
Es ist zehn (Minuten) nach vier.	It's ten (minutes) past four.
Es ist Viertel vor neun.	It's a quarter to nine.
Es ist neun Uhr morgens/abends.	It's nine in the morning / in the evening.
Es ist zwei Uhr nachmittags/nachts.	It's two in the afternoon / at night.
Es ist 14 Uhr 30.	It's 14.30/2.30 p.m.

ZEITAUSDRÜCKE	Expressions of time
abends	in the evening
anschließend	afterwards
danach	after that, afterwards
dann	then
immer	always
jeden Tag	every day
lange	for a long time
manchmal	sometimes
meistens	mostly
mittags	at midday
in der Mittagspause	in the lunch break
morgens	in the morning
nachmittags	in the afternoon
nachts	at night
nächste Woche	next week
am Samstag	on Saturday
vorher	before, previously
am Wochenende	at the weekend

DIE WOCHENTAGE	Days of the week
Sonntag	Sunday
Montag	Monday
Dienstag	Tuesday
Mittwoch	Wednesday
Donnerstag	Thursday
Freitag	Friday
Samstag/Sonnabend	Saturday

VERBEN	Verbs
ab|holen	to pick up, fetch
an|fangen	to begin, start
an|rufen	to telephone, call up
auf|stehen	to get up, rise
besuchen	to visit
fahren	to go (in a vehicle), drive
fern|sehen	to watch TV
frühstücken	to have breakfast
mit|kommen	to come along
sagen	to say
sehen	to see
treffen	to meet
verlassen	to leave
wollen	to want

MODALVERBEN	Modal verbs
müssen	to have to, must
können	to be able to, can

ADJEKTIVE	Adjectives
früh	early
kurz	short(ly)
typisch	typical(ly)

NOMEN	Nouns
das Abenteuer (-)	adventure
die Feier (-n)	celebration
der Geburtstag (-e)	birthday
der Höhepunkt (-e)	highlight
der Kunde/die Kundin	customer
die Party (-s)	party
die Prüfung (-en)	examination
die Stadtführung (-en)	guided tour (of a town)
das Theater (-)	theatre
der Treffpunkt (-e)	meeting place

Test your German

If you have been working your way through the course you have now finished the first six **Lektionen**. Congratulations! Before you start with the second half of the course (Lektionen 7–12) the following test will give you the opportunity to check whether you have mastered all the language you have met so far and to identify possible areas and points that need revision. If you have learned some German before using *Willkommen*, you can assess your knowledge with this test and decide where it is appropriate for you to start in this course, and what points you need to revise. (The answers to this test are in your *Willkommen* support book.)

1 Can you do the following? Say the answers out loud and write them down. There are two points for each correct answer – fill in the boxes with your score as you progress.
   a) Say your name and say where you come from? ☐
   b) Ask someone their name: i) formally and ii) informally? ☐
   c) Give your phone number? ☐
   d) Ask someone else: i) formally and ii) informally about their profession? ☐
   e) Say what your job is or whether you are a student or unemployed? ☐
   f) Tell someone if you are married or single? ☐
   (**Lektionen 1, 2** and **3**)   Punkte:_____/12

2 Fill in the missing endings. Give yourself one point for each correct ending.
   a) Ich komm… aus Gelsenkirchen. ☐
   b) Gelsenkirchen lieg… in Deutschland. ☐
   c) Herr und Frau Gärtner arbeit… beide bei der Telekom. ☐
   d) Geh… du heute in die Kneipe? ☐
   e) Studier… ihr auch Anglistik? ☐
   f) Wir lern… Deutsch. ☐
   (**Lektionen 1, 2** and **3**)   Punkte:_____/6

3 Fill in the missing word. One point for each correct answer.

Wo	Wer	Wie	Woher	Was	Wie

   a) _____ kommen Sie? ☐
   b) _____ ist dein Name? ☐
   c) _____ wohnt Boris Becker? ☐
   d) _____ sind Sie von Beruf? ☐
   e) _____ geht es dir? ☐
   f) _____ sind Sie? ☐
   (**Lektionen 1, 2** and **3**)   Punkte:_____/6

4 Fill in the missing items. Give yourself one point for each correct answer.

a) Deutschland	Deutscher	Deutsche	Deutsch
b) Frankreich	Franzose	_____	_____
c) _____	_____	Italienerin	_____
d) England	_____	_____	_____
e) _____	Spanier	_____	_____
f) Irland_____	_____	Irin	Englisch / Irisch-Gälisch

   (**Lektion 2**)   Punkte:_____/12

5 Fill in the missing endings. There are two points for each correct answer.

Liebe Susanne,

ich habe ein... Schwester und ein... Bruder. Mein... Bruder arbeitet in einer
Bank und mein... Schwester ist Journalistin. Ich habe auch ein... Hund. Der
Hund heißt Bello. Mein... Hobbys sind Musik und Tanzen.
Schreib mir bald
Dein... Petra.
(**Lektion 4**)   Punkte:_____/14

6 Can you do the following? Say the answers out loud, then write them down. There
   are two points for each correct answer.
   a) Ask someone about their hobbies?   ☐
   b) State two things you like doing and two things you don't?   ☐
   c) Ask if there is a café nearby?   ☐
   d) Order a glass of tea?   ☐
   e) Order a cappuccino, a mineral water and two beers?   ☐
   f) Ask how much something costs?   ☐
   g) Ask for and give the time? (*4 points*)   ☐
   h) Ask for a single room for two nights?   ☐
   (**Lektionen 4**, **5** and **6**)   Punkte:_____/18

7 Make correct sentences out of the following. Have two points for each correct
   answer.
   a) sehr gut – Salsa tanzen – sie – kann
   b) essen gehen – ich – möchte – am Donnerstag
   c) Englisch sprechen? – können – Sie
   d) muss – für ein Examen – ich – lernen – heute Abend
   (**Lektion 6**)   Punkte:_____/8

8 How would you answer in German? Write the answers down. There are four points
   for each correct answer.
   a) Wann stehen Sie normalerweise auf?   ☐
   b) Wann fängt Ihre Arbeit oder Ihr Studium an?   ☐
   c) Sehen Sie abends oft fern?   ☐
   d) Gehen Sie oft ins Kino?   ☐
   e) Gehen Sie lieber in die Kneipe oder ins Museum?   ☐
   f) Kann man in Ihrer Stadt viel machen?   ☐
   (**Lektionen 5** and **6**)   Punkte:_____/24

100–80 points:	Congratulations. You are ready to start with the second half of the course.
80–60 points:	Very good. You have mastered most of the points covered so far. Try to identify the areas which still need some work and go over them again.
60–40 points:	Well done, but it might be advisable to revise the areas where you are not quite so confident before moving on to the next units.
Below 40:	Not bad, but it is probably advisable to go back and do a thorough revision before starting with **Lektion 7**.

Alltag in der Stadt

- Buying consumer goods
- Talking about daily routines and work (continued)
- Travelling around town

- *Prepositions + accusative/dative*
- *Prepositions + dative*

A | Was kann man hier kaufen?

ÜBUNG **1**

Lesen und Lernen

Match the shop names to the photos.

1 das Fotogeschäft
2 der Elektroladen
3 die Buchhandlung
4 das Kaufhaus
5 die Drogerie
6 die Apotheke
7 die Bank

ÜBUNG 2

Was kann man in diesen Geschäften kaufen?

Ordnen Sie bitte zu.

a) Filme, Kameras kaufen
b) Bücher
c) Parfüms, Seife, usw.
d) Elektronikgeräte (Waschmaschine, DVD-Rekorder)
e) Medikamente, Arzneimittel
f) Fahrscheine, Tickets
g) Kleidung, Uhren, fast alles
h) Dollars, Yen, usw.

1 in der Drogerie
2 im Fotogeschäft
3 auf der Bank
4 im Reisebüro
5 im Kaufhaus
6 in der Buchhandlung
7 im Elektroladen
8 in der Apotheke

Können Sie noch mehr Geschäfte nennen?
Was kann man in diesen Geschäften bekommen?

Präpositionen in / auf + Dativ

For saying where you can get something, you need **in** + *the dative case* (**Dativ**).
*The ending on the article (***der**, **ein***, etc.) is* **-m** *for masculine and neuter nouns, and* **-r** *for feminine nouns:*

der Elektroladen   Einen Fernseher kauft man am besten **im** (in dem) Elektroladen.
das Fotogeschäft   Eine Kamera kann man **im** (in dem) Fotogeschäft kaufen.
die Kneipe   Ein Glas Bier kann man **in der** Kneipe trinken.

Reminder – with some locations **auf** *is used instead of* **in**:

der Bahnhof   Einen Fahrplan kann man **auf dem**
               Bahnhof kaufen.
die Bank   Schweizer Franken kann man **auf der** Bank bekommen.

* *For more information see the grammar on page 139.*

ÜBUNG 3

Herr Fuhrmann ist im Stress.

Herr Fuhrmann fährt morgen in den
Urlaub nach Schottland. Er ist sehr
nervös, denn er muss noch viel machen.

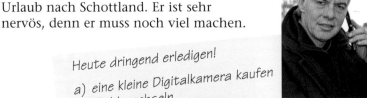

Heute dringend erledigen!

a) eine kleine Digitalkamera kaufen
b) Geld wechseln
c) Buch über Schottland
d) neue CD von Vanessa Mae
e) Aspirin, Shampoo besorgen
f) einen Adapter kaufen
g) Regenschirm

TIPP
*Don't forget that German word
order is relatively flexible, so you
often find the object of the
sentence in first place, as here
(see Lektion 6,
Grammatik, Word order).*

Helfen Sie Herrn Fuhrmann. Wo kann
er die Sachen bekommen?

Ergänzen Sie:

Herr Fuhrmann, keine Panik!

a) Die Digitalkamera können Sie im _____ kaufen.
b) Geld können Sie _____ wechseln.
c) Ein Buch über Schottland _____ .
d) ...
e) ...
f) ...
g) ...

Hören Sie bitte zu und notieren Sie. Herr Fuhrmann kauft ein. Wo ist er und was macht er?

	WO IST ER?	WAS KAUFT / BEKOMMT ER?
1	Er ist im Fotogeschäft.	Er kauft eine kleine Digitalkamera.
2		
3		
4		
5		
6	Er ist wieder im _____ .	

Wohin geht Herr Fuhrmann?

Erzählen Sie, wohin Herr Fuhrmann geht.

Benutzen Sie **zuerst, dann, danach, anschließend, später, zum Schluss.**

Beispiel
Zuerst geht er ins Fotogeschäft und kauft eine kleine Digitalkamera. Dann geht er ... .

Wiederholung: Präpositionen in / auf + Akkusativ

In Lektion 5 you learned that for saying where to go to (in order to get something), you need **in** + *accusative.*

*The ending on the article (***der, ein,*** etc.) is* **-n** *for masculine,* **-e** *for feminine nouns and* **-s** *for neuter nouns:*

der Elektroladen	Zuerst geht Kirsten **in den** Elektroladen.
die Kneipe	Danach geht sie **in die** Kneipe, um ein Glas Bier zu trinken.
das Fotogeschäft	Dann geht sie **ins** (in das) Fotogeschäft.

Remember that with some locations **auf** *is used instead of* **in**:

| der Markt | Anschließend geht sie **auf den** Markt. |
| die Bank | Und zum Schluss geht sie **auf die** Bank. |

B | Mehr Konsumartikel

More consumer goods

a) Wo bekommt man diese Sachen?

Beispiel
Einen Wecker bekommt man im
Kaufhaus.

der Fernseher   **der Pullover**   **das Parfüm**

der Wecker

das Aspirin   **die CD**   **der Reiseführer**   **die Waschmaschine**   **die Hautcreme**

b) Ein Quiz. Machen Sie eine Liste mit verschiedenen Sachen.

Fragen Sie Ihren Partner, wo man die Sachen bekommt.

Partner A: Wo kann man Parfüm kaufen?
Partner B: In der Drogerie.
oder   Gehen Sie in die Drogerie.

> Für die richtige Antwort mit Artikel gibt es
> zwei Punkte, ohne den richtigen Artikel
> einen Punkt.

Was ist das?

a) Sie ist gut für die Zähne: die Z _ _ _ p _ _ t _ .
b) Man braucht es für die Haare: das _ _ a _ _ o _ .
c) Wenn es regnet, braucht man einen: der R _ _ _ _ s c h _ _ _ .
d) Dort bekommt man Medikamente: die _ _ _ t h _ _ _ .
e) Dort kann man Geld wechseln: die _ _ _ _ _ .
f) Sie zeigt, wie spät es ist: die _ h _ .

Schreiben Sie mehr Definitionen. Fragen Sie in der Klasse.
Machen Sie ein Quiz.

C | Alltag und Beruf
Daily routine and work

Was macht Herr Ihßen um diese Uhrzeiten? Wo ist er?

Look at the pictures below and say, or write down, as much as you can about them in German. Then read the text and compare this with your answers.

Ein Tag im Leben eines Journalisten

Herr Ihßen ist Fernsehjournalist und arbeitet bei einem Fernsehsender. Sein Tag beginnt meistens früh: Er steht um sieben Uhr auf. „Ich stehe nicht gern früh auf", sagt er. „Ich brauche morgens immer eine kalte Dusche und dann werde ich wach. Abends gehe ich meistens spät ins Bett."

Danach frühstückt er. Normalerweise isst er frische Brötchen, Honig, Marmelade und trinkt Orangensaft, selten Müsli. Meistens liest er die Zeitung und sucht nach interessanten Themen. Gegen halb neun verlässt er das Haus und geht ins Büro. Seine Arbeit fängt meistens um neun Uhr an.

Um neun Uhr ist er im Büro. Er macht verschiedene Sachen: Er telefoniert, schreibt Texte, schneidet im Studio Filme oder bereitet Interviews vor. „Die Arbeit ist interessant und abwechslungsreich", sagt er. „Jeden Tag mache ich etwas anderes."

Um kurz nach eins macht er Mittagspause. Meistens geht er mit Kollegen in die Markthalle und isst ein Baguette und trinkt einen Cappuccino, manchmal auch einen Schnaps. „Ich bin gern in der Markthalle. Man kann hier gut essen und trinken. Es ist eine sehr nette Atmosphäre. Wir essen selten im Restaurant und man trifft hier auch andere Kollegen."

Gegen zwei Uhr ist er wieder in der Firma und arbeitet am Computer. Bis morgen muss er ein Manuskript zu Ende schreiben. Später ruft er einen Freund an. Er sagt: „Hallo René. Na, wie geht's? Ich gehe um acht in die Kneipe. Kommst du mit?" Sein Freund antwortet: „Das ist eine gute Idee, Jörg. Wo treffen wir uns?" „Am besten in der Kneipe", sagt Jörg.

Um kurz vor sieben geht Herr Ihßen in den Supermarkt. „Ich kaufe meistens im Supermarkt ein. Man kann hier alles kaufen. Aber am Wochenende gehe ich oft auf unseren Markt. Auf dem Markt ist das Gemüse frischer, und auch die Wurst und der Käse sind sehr gut."

Um acht Uhr sitzen Jörg und René in der Kneipe. Sie trinken, essen später eine Pizza und reden über alte Zeiten, das Leben und neue Projekte. Gegen 22 Uhr bezahlen sie. „Sonntag gibt es im Stadtpark ein Festival mit Musik. Kommst du mit?" fragt René. „Tut mir leid, ich muss am Wochenende arbeiten. Wir machen einen Film über das Oktoberfest in München."

Um 23 Uhr ist Herr Ihßen wieder zu Hause. Er sieht fern. Er sieht ein Porträt über Humphrey Bogart und dann die Spätnachrichten. „Vielleicht finde ich noch ein Thema für morgen", sagt er, „als Journalist sucht man die ganze Zeit nach neuen Themen. Der Beruf ist interessant, aber manchmal auch anstrengend."

ÜBUNG
9

Richtig oder falsch?

	Richtig	Falsch
a) Herr Ihßen steht sehr gern früh auf.	☐	☐
b) Er findet seine Arbeit interessant.	☐	☐
c) Mittags isst er meistens in einem Restaurant.	☐	☐
d) Er trinkt immer einen Schnaps.	☐	☐
e) Um acht Uhr trifft er einen Freund in der Kneipe.	☐	☐
f) Am Wochenende muss er arbeiten.	☐	☐
g) Zu Hause sieht er *Casablanca* mit Humphrey Bogart.	☐	☐

Wohin? Akkusativ

Er geht **in den** Supermarkt.
Er geht **in die** Kneipe.
Er geht **ins** Büro.

Wo? Dativ

Er kauft **im** Supermarkt ein.
Er trinkt ein Glas Bier **in der** Kneipe.
Er arbeitet **im** Büro.

* A useful test
If in English you can say *into* (e.g. He is going *into* the supermarket), then you need **in + Akkusativ** in German.
If you can say *inside* (e.g. He is shopping *inside* the supermarket), then you need **in + Dativ**.

Deutschland-Info

ARBEITSZEITEN UND URLAUB
Herr Ihßen doesn't get to the office until 9.00 a.m. because he works irregular, and sometimes long hours. Generally, however, most people work a 37½ hour week.

Holiday entitlement is generous with many people having up to six weeks' paid holiday a year. The number of statutory bank holidays varies from *Land* to *Land*. Predominantly Catholic areas tend to enjoy the largest number because religious holidays are also observed. An important bank holiday for the whole of Germany is 3 October, *Tag der deutschen Einheit*.

ÜBUNG 10

Wie heißt es richtig?

WOHIN?	WO?
Beispiel	Beispiel
Um halb neun geht Herr Ihßen **ins** Büro.	Um neun Uhr ist er **im** Büro.
a) Mittags geht er _____ Markthalle.	a) Er isst _____ Markthalle.
b) Um sieben Uhr geht er _____ Supermarkt.	b) Normalerweise kauft er _____ Supermarkt ein.
c) Am Wochenende geht er _____ Markt.	c) Am Wochenende kauft er Gemüse und Käse _____ Markt.
d) Er geht oft _____ Kneipe.	d) Er trifft einen Freund _____ Kneipe.

ÜBUNG 11

Ein kurzes Porträt: Jörg Ihßen

a) Was ist sein Beruf?
b) Wo arbeitet er?
c) Was macht er in seinem Beruf?
d) Wo isst er meistens zu Mittag?
e) Kauft er im Supermarkt ein?
f) Wohin geht er mit René?
g) Wie findet er seinen Beruf?

ÜBUNG 12

Was passt zusammen?

There might be more than one possibility.

Beispiel	**Texte**	**schreiben**
a)	am Computer	treffen
b)	in der Kneipe	bezahlen
c)	im Restaurant	machen
d)	eine Mittagspause	arbeiten
e)	einen Freund	trinken
f)	eine Rechnung	sehen
g)	die Nachrichten	essen

13

2.7

Hören Sie bitte zu. Was macht Anke? Anke ist Studentin.

This recording is quite long. But don't worry if you don't understand everything you hear. Just listen out for the main points.

Welche Antwort ist richtig?

a) Wo studiert Anke?   In Heidelberg / in Jena / in Leipzig.
b) Wo wohnt Anke?   Weit vom Zentrum / ganz in der Nähe vom Zentrum.
c) Wo sitzt sie nur selten? Im Seminar / in der Bibliothek.
d) Wo isst sie manchmal Mittag? Im Restaurant / in der Mensa.
e) Wo kauft sie ein?   Im Supermarkt / in einem kleinen Laden.
f) Wohin geht sie gern?   Ins Kino / in die Kneipe.
g) Wohin geht sie selten?   In die Stadt / in die Disco.

Hören Sie noch einmal zu!

Was können Sie noch über Anke sagen?

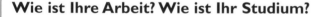

V O K A B E L N

die Vorlesung (-en)	*lecture*
die Bibliothek (-en)	*library*
die Mensa	*refectory*
schwatzen	*to chat*

14

Wie ist Ihre Arbeit? Wie ist Ihr Studium?

Was können Sie sagen?

POSITIV ☺	NEGATIV ☹
Die Arbeit ist sehr interessant.	Die Arbeit ist langweilig.
Sie ist abwechslungsreich.	Sie ist hart.
Es macht Spaß.	Es macht keinen Spaß.
Ich verdiene gut.	Sie ist (sehr) anstrengend.
Meine Kollegen sind nett.	Meine Kollegen sind nicht nett / schrecklich.

Beispiele
Meine Arbeit ist hart, aber es macht Spaß.
Es ist anstrengend, aber ich verdiene gut.
Ich verdiene gut, aber es ist sehr langweilig.

ÜBUNG
15

Ein kurzes Porträt

Lesen Sie die Fragen, machen Sie sich Notizen und
fragen Sie dann Ihren Partner.

A: Was sind Sie von Beruf?
B: Ich bin Taxifahrer. Und Sie?

Fragen	Ihr Partner	Sie
Was sind Sie von Beruf?		
Wo arbeiteten / studieren Sie?		
Wie viele Stunden arbeiten / studieren Sie?		
Arbeiten Sie viel am Computer?		
Wo essen Sie meistens zu Mittag?		
Kaufen Sie meistens im Supermarkt ein?		
Was machen Sie gern in Ihrer Freizeit? Wohin gehen Sie gern?		
Wie finden Sie Ihren Beruf / Ihr Studium?		

D | Verkehr in der Stadt

Traffic in town

ÜBUNG
16

Lesen und Lernen

Das ist ein Zug.

Das ist ein Bus.

Das ist eine U-Bahn.

Das ist eine Straßenbahn.

Das ist ein Fahrrad.

Das ist ein Auto.

Lernen Sie die Artikel:

der	Zug Bus	**die**	U-Bahn Straßenbahn	**das**	Fahrrad Auto

ÜBUNG

17

Lesen und Lernen. Wie fahren die Leute?

Frau Schmidt fährt	mit dem Bus. mit dem Auto. mit der U-Bahn.

mit + Dativ

To talk about means of transport in German you use the preposition **mit** + Dativ.
Remember that the dative ending on the article before the noun is **-em** *for masculine and neuter nouns, and* **-er** *for feminine nouns.*

(der Bus)	Frau Krause fährt mit dem Bus.
(das Auto)	Herr Krause fährt mit dem Auto.
(die U-Bahn)	Rainer Krause fährt mit der U-Bahn.

Exception: to say on foot *in German, you use* **zu Fuß gehen**.

Beispiel   Saskia Krause geht zu Fuß.

ÜBUNG

18

2.8

Sie hören vier Personen. Wie fahren sie zur Arbeit? Wie lange dauert die Fahrt?

Welche Person (a, b, c oder d)

1 fährt mit dem Auto?
2 fährt mit dem Fahrrad?
3 geht zu Fuß?
4 fährt mit dem Bus und mit der Bahn?

Lesen Sie dann die Texte.

„Also, ich fahre immer mit dem Fahrrad zur Universität. Das geht schnell, ist gesund und außerdem gut für die Umwelt. Von meinem Haus bis zur Uni brauche ich ungefähr 20 Minuten. Im Winter fahre ich manchmal mit dem Bus. Ich habe einen Führerschein, aber ich fahre nur selten mit dem Auto."

a **Frauke Gerhard**
22, Studentin

b **Matthias Michaelis**
34, Angestellter bei der Post

„Ich fahre meistens mit dem Bus zum Bahnhof. Dann muss ich umsteigen. Vom Bahnhof nehme ich die U-Bahn zur Arbeit. Ich habe eine Monatskarte. Bus und Bahn sind nicht so teuer und in der U-Bahn kann ich auch lesen. Die Fahrt dauert ungefähr 50 Minuten."

„Ich fahre immer mit dem Auto. Da kann ich Radio hören, im Winter ist es warm und es geht schnell. Die Verbindung mit Bus und Bahn ist nicht gut. Da brauche ich zwei Stunden. Mit dem Auto dauert es aber nur eine Stunde."

c **Günther Pfalz**
38, Elektriker

„Meine Schule ist nicht weit, ich kann zu Fuß gehen. Meistens hole ich einen Freund ab, und dann gehen wir zusammen zur Schule. Ich brauche nur zehn Minuten. Im Winter fährt mich manchmal mein Vater mit dem Auto."

d **Andreas**
9, Schüler

VOKABELN

die Umwelt	*environment*
ungefähr	*approximately, about*
der Führerschein	*driving licence*
um|steigen	*to change (a train, bus, etc.)*
die Verbindung (-en)	*connection, link*

ÜBUNG
19

Richtig oder falsch?

	Richtig	Falsch
a) Frauke braucht eine halbe Stunde bis zur Universität.	☐	☐
b) Sie tut etwas für die Umwelt.	☐	☐
c) Matthias sagt, eine Monatskarte ist billig.	☐	☐
d) Günther Pfalz fährt zwei Stunden mit dem Auto zur Arbeit.	☐	☐
e) Er fährt nicht gern mit dem Bus oder der Bahn zur Arbeit.	☐	☐
f) Andreas holt meistens einen Freund ab, und sie gehen zusammen zur Schule.	☐	☐

mit, zu, von + Dativ

You have already seen that **mit** *is followed by the dative case. This also applies to* **zu** *and* **von**.

mit, zu

der Bus, Bahnhof	Ich fahre mit **dem** Bus bis **zum (zu dem)** Bahnhof.
die U-Bahn, Universität	Sie fährt mit **der** U-Bahn **zur (zu der)** Universität.
das Auto, Stadion	Er fährt mit **dem** Auto **zum (zu dem)** Stadion.

von

der Bahnhof	**Vom (von dem)** Bahnhof nehme ich die U-Bahn zur Arbeit.
die U-Bahn	**Von der** U-Bahn bis zur Bushaltestelle ist es gar nicht weit.
das Büro	**Vom (von dem)** Büro bis zum Stadtzentrum gehe ich meistens zu Fuß.

* Sometimes the word **bis** *(up to, until)* is slipped in before **zu**, as in some of the examples above.

ÜBUNG
20

Was fragen die Leute?

Erinnern Sie sich?
Do you remember?

Entschuldigen Sie bitte, wie komme ich _____ Bahnhof?

Entschuldigen Sie, wie komme ich _____ Touristeninformation?

Entschuldigen Sie bitte, wie komme ich _____ Fußballstadion?

Entschuldigung bitte, wie komme ich v _____ Bahnhof z _____ Hotel Germania?

Wie komme ich zum Hotel?

Partner B: Sehen Sie Seite 247.

Partner A: Sie möchten nach Frankfurt fliegen. Es gibt ein Problem: Wie kommen Sie vom Flughafen zum Hotel? Ihre Partnerin/Ihr Partner ist ein Experte. Finden Sie heraus:

a) Preise für _____

Bahn: _____ Euro
Bus: _____ Euro
Taxi: _____ Euro

b) Dauer _____

Bahn: _____ Minuten
Bus: _____ Minuten
Taxi: _____ Minuten

c) Wie oft _____

Bahn: alle _____ Minuten
Bus: alle _____ Minuten
Taxi: _____

Fragen

a) Wie teuer ist es mit ... Bahn / Bus / Taxi v... Flughafen z... Bahnhof?
b) Wie lange dauert es mit ... Bahn / Bus / Taxi v... Flughafen z... Bahnhof?
c) Wie oft fahren die Züge / die Busse / die Taxis v... Flughafen z... Bahnhof?

Wie fahren Sie?

Deutschland-Info

VERKEHRSFREIE STADTZENTREN

German cities and towns were among the first to introduce pedestrianised zones. Nowadays some city centres are more or less traffic-free between certain hours and/or on certain days. Cheap or free Park 'n' Ride facilities are widely available.

Lübeck is a good example of this policy. Throughout the city centre pedestrians have right of way over vehicles on weekdays between 11.30 a.m. and 6.00 p.m. On Saturdays the restrictions on vehicles start at 10.00 a.m.

HANSESTADT LÜBECK
http://www.luebeck.de

ÜBUNG

22

Wie heißt es richtig? **Zur** oder **zum**?

Wie komme ich	zur zum	Flughafen Bahnhof Gedächtniskirche Café Mozart Stadtbäckerei Fußballstadion Bundesstraße	**?**

ÜBUNG

23

Fragen Sie Ihren Partner.

Wie fahren Sie normalerweise zur Arbeit / zur Universität?
Wie lange dauert die Fahrt?
Müssen Sie umsteigen?
Wie ist das Bussystem / das U-Bahnsystem in Ihrer Stadt?
Wie teuer ist eine Fahrt?
Was kostet eine Wochenkarte/eine Monatskarte?

ÜBUNG

24

Ordnen sie bitte zu.

Which items belong in which column?

Bahnhof
Parkprobleme
Führerschein
Wochenkarte
Einzelfahrschein
gut für die Umwelt
Tageskarte
Parkschein
umsteigen
Autobahn
nicht gut für die Umwelt
Monatskarte

Beispiel

AUTO	BUS / BAHN
Parkprobleme	Bahnhof

T I P P S   Z U R
A U S S P R A C H E

2.9

*The **ch** sound in German is often difficult for English speakers who tend to close their throats and pronounce a **k**. In fact, if you keep your throat open and let the air continue to flow, you will make the right sound.*

*The pronunciation of **ch** depends on the kind of vowel in front of it. Listen to the recording and spot the differences.*

ich	Rechnung	lächeln	Töchter
machen	Sprache	kochen	Tochter
Mädchen	Mönche	München	Bücher
			Buch

*When the **ch** is followed by an **s**, it is pronounced as a **k**:*

Sachsen   sechs   Fuchs

 How would you pronounce these words?
Nichte, Dach, Märchen, Lachs?

Grammatik

Prepositions + accusative / dative

In this Lektion you have seen that some prepositions are followed by either the accusative or the dative, depending on whether *movement* or *location* is being talked about.

The prepositions that you have met in this category are **in** and **auf**. Other prepositions that behave in the same way are: **an** (*at*), **hinter** (*behind*), **neben** (*next to*), **über** (*above*), **unter** (*below*), **vor** (*in front of*), **zwischen** (*between*).

		Accusative (movement)		Dative (location)
Masc.		auf **den** Marktplatz.		auf **dem** Marktplatz.
Fem.	Wir gehen	hinter **die** Kirche.	Wir sitzen	hinter **der** Kirche.
Neut.		in**s** (= in **das**) Kino.		**im** Kino.
Plural		in **die** Zimmer.		in **den** Zimmern.

Most nouns add **-n** to their plural form in the dative, unless they already end in an **-n** or **-s**. German speakers usually use the short forms, e.g. **ins** instead of **in das** or **im** instead of **in dem**.

Prepositions + dative

Some prepositions are followed only by the dative, irrespective of whether movement or location is being talked about.

The prepositions that you have met in this category are **mit**, **zu** and **von**. Other prepositions that behave in the same way are: **aus** (*out of*), **bei** (*at*), **nach** (*after*), **seit** (*since*).

You will find many of these prepositions used and practised in later Lektionen.

As you saw above, the definite articles change in the dative case:
     der and **das** → **dem**   **die** → **der**.

Note that certain changes also apply to the indefinite articles (ein, eine, ein):
     ein (masc. and neut. forms) → **einem**   **eine** → **einer**.

We will deal with these forms in more detail in Lektion 9.

		Dative (location)
Masc.	Wir fahren	mit **dem** Bus.
em	Ich gehe	mit **einem** Freund ins Kino.
Fem.	Fährst du	mit **der** Straßenbahn?
er	Sie fährt	zu **einer** Freundin.
Neut.	Wir gehen	zu**m** (= zu **dem**) Fußballspiel.
em	Er kommt	von **einem** Meeting.
Plural	Er fährt	zu **seinen** Eltern.
en	Sie kommt	aus **den** Vereinigten Staaten.

Use of prepositions

How to say *to* in German: **in**, **zu** or **nach**?

If you are focusing on direction towards a building rather than entering into it, then you tend to use **zu** + dative:

Wie komme ich **zum** Bahnhof?

When the focus is on entering into a building, then you tend to use **in** + accusative:

Ich gehe jede Woche **ins** Kino.

Don't forget, that with towns and countries, **nach** is usually used:

Herr Schmidt fährt **nach** Großbritannien.

To say that you are going to a person's home, you use **zu** + dative:

Sie fährt **zu** ihren Eltern.
Heute Abend gehe ich **zu** Annette.

Transport
For means of transport, you use **mit** + dative in German:

Frau Abramzyk fährt meistens **mit dem** Auto, selten **mit dem** Fahrrad.

Mit is also generally used to express the idea of *with* in English:

Ich fahre **mit** Bernd und Angelika nach New York.

Mehr Übungen ...

1   Welche Antwort passt?

a) Parfüm kann man
1   im Reisebüro kaufen.
2   in der Drogerie kaufen.
3   in der Bäckerei bekommen.

b) Wo bekommt man einen Regenschirm?
1   Im Kaufhaus.
2   In der Apotheke.
3   Im Buchladen.

c) Wo kann man einen Reiseführer kaufen?
1   In der Bibliothek.
2   In der Buchhandlung.
3   Im Fotogeschäft.

d) Wo kauft man Aspirin?
1 In der Fleischerei.
2 Im Getränkemarkt.
3 In der Apotheke.

2 Wie heißt es richtig?

> in den – im – in die – in der – ins – im

a) Sie gehen _____ Café, aber sie treffen sich _____ Café.
b) Peter geht _____ Stadt, aber er trifft einen Freund in _____ Stadt.
c) Susanne geht in _____ Markthalle, aber sie trifft eine Freundin in _____ Markthalle.
d) Kommst du mit _____ Biergarten? Kann man _____ Biergarten auch etwas essen?
e) Gehen wir heute Abend _____ Kino? Was gibt es denn _____ Kino?

3 Üben Sie den Dativ.

a) Peter lebt sehr gesund. Er fährt jeden Tag mit d.. Fahrrad z.. Universität.
b) In Berlin kann man schlecht parken. Frau Braun fährt immer mit d.. U-Bahn z.. Arbeit.
c) Herr Krause hat heute wenig Zeit und fährt mit d.. Taxi.
d) Mit d.. Zug ist man in drei Stunden in München.
e) In Ostberlin kann man noch mit d.. Straßenbahn fahren.

4 Schreiben Sie, wie Florian Lamprecht zur Arbeit kommt.

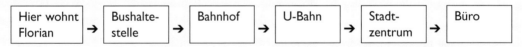

Beispiel
Von seinem Haus bis zur Bushaltestelle geht Florian zu Fuß. Dann fährt er ... .

Now you have completed Lektion 7, can you:

tick

1 tell people where they can buy certain products?
   See pages 123–6. ☐
2 describe your daily routine?
   See pages 127–32. ☐
3 talk about means of transport and say how to get from A to B?
   See pages 133–8. ☐

Checkliste

Was haben Sie gelernt?

GESCHÄFTE	Shops, businesses
die Apotheke (-en)	chemist's shop
die Buchhandlung (-en)	book shop
das Büro (-s)	office
die Drogerie (-n)	drugstore
der Elektroladen (¨)	electrical goods shop
das Fotogeschäft (-e)	photographic shop
das Kaufhaus (¨er)	department store
die Markthalle (-n)	market hall
die Produktionsfirma (-firmen)	production company
das Reisebüro (-s)	travel agency

KONSUMARTIKEL	Consumer articles
das Arzneimittel (-)	medicine
das Aspirin (-e)	aspirin
die CD (-s)	CD
der DVD-Rekorder (-)	DVD recorder
das Elektrogerät (-e)	electrical appliance
der Fernseher (-)	TV, television set
der Film (-e)	film
die Hautcreme (-s)	skin cream
die Kleidung	clothing
das Medikament (-e)	medicine
das Parfüm/Parfum (-s)	perfume
der Pullover (-)	pullover
das Radio (-s)	radio
der Regenschirm (-e)	umbrella
der Reiseführer (-)	travel guide
die Seife (-n)	soap
das Shampoo (-s)	shampoo
die Waschmaschine (-n)	washing machine
der Wecker (-)	alarm clock

LEBENSMITTEL	Foods
die/das Baguette (-s/-n)	baguette (a French stick)
der Cappuccino (-s)	cappuccino
der Honig (-e)	honey
die Marmelade (-n)	jam
das Müsli (-s)	muesli
die Pizza (-s) / Pizzen	pizza

TRANSPORT	Transport
das Auto (-s)	car
die Bahn (-en)	rail
der Bus (-se)	bus
der Fahrplan (¨e)	timetable
das Fahrrad (¨er)	bicycle
der Fahrschein (-e)	ticket
die Monatskarte (-n)	monthly season ticket

der Reisescheck (-s)	traveller's cheque
die Straßenbahn (-en)	tram
das Ticket (-s)	ticket
die U-Bahn (-en)	underground railway, tube train
der Urlaub (-e)	vacation, holiday
die Verbindung (-en)	connection
der Verkehr	traffic
der Zug (¨e)	train

DIE UNIVERSITÄT	University
die Bibliothek (-en)	library
die Mensa (Mensen)	refectory
die Vorlesung (-en)	lecture

VERSCHIEDENE NOMEN	Miscellaneous nouns
die Nachricht (-en)	(piece of) news
die Sache (-n)	thing
das Stadium/ Stadion (-ien)	stadium
das Thema (Themen)	theme, topic
die Umwelt	environment
der Elektriker (-)	electrician

VERBEN	Verbs
besorgen	to get
dauern	to last
erledigen	to complete, do
reden	to talk
schneiden	to edit / to cut
schwatzen	to chat
suchen (nach)	to look for
telefonieren	to telephone
um|steigen	to change (bus, train, etc.)
verdienen	to earn
vor|bereiten	to prepare
wach werden	to wake up
wechseln	to change (money, etc.)

ADJEKTIVE	Adjectives
abwechslungsreich	varied
anstrengend	tiring, strenuous
dringend	urgent
frisch	fresh
nervös	nervous
verschieden	various, different

8 | *acht*
Was haben Sie gemacht?

● Saying what happened at the weekend
● Talking about recent events
● Talking about the more distant past
● Describing purchases

■ *Present perfect tense*
■ *Adjectival endings 1*

A | Über die Vergangenheit sprechen
Talking about the past

ÜBUNG
1

Lesen und Lernen. Was haben die Leute am Wochenende gemacht?

a

Sie hat auf dem Markt Blumen gekauft.

b

Sie hat im Krankenhaus gearbeitet.

c

Sie haben im Stadtpark Fußball gespielt.

d

Sie haben einen Ausflug gemacht.

e

Er hat für sein Examen gelernt.

f

Er hat viel fotografiert.

Present perfect tense – 1 (regular or weak verbs)

When they talk about the past Germans most often use the present perfect tense. The present perfect tense of regular verbs like **spielen** *and* **kaufen** *is formed by using* **haben** *with what is known as the past participle. This is very similar to the present perfect tense in English.*

Ich habe gespielt   *I have played/I played*

The past participle is the part of the verb that is used in English with the verb to have *and often ends in -ed (e.g. worked, played), -t (e.g. kept, felt) or -(e)n (e.g. broken, grown): I have worked, she has grown, etc.*

In the German sentence, the past participle goes at the end:

| Ich | habe | Tennis | **gespielt**. | *I have played/played tennis.* |
| Ich | habe | ein Auto | **gekauft**. | *I have bought/bought a car.* |

For a reminder of the forms of **haben**, *see* Übung 15 *on page 152.*

To form the past participle you take the stem of the verb, i.e. **spiel-, kauf-**, *add a* **ge-** *at the beginning and a* **-t** *at the end:*

| spiel-en | **ge**-spiel-**t** |
| kauf-en | **ge**-kauf-**t** |

If the stem ends in a **-t**, *then an extra* **-e-** *is added before the* **-t**:

| arbeit-en | **ge**-arbeit-**et** |
| antwort-en | **ge**-antwort-**et** |

Verbs ending in **-ieren** *do not add a* **ge-**:

| fotografier-en | fotografier-t |
| studier-en | studier-t |

Verbs that begin with **be-** *or* **er-** *do not add a* **ge-** *at the beginning:*

| bezahl-en | bezahl-t |
| erledig-en | erledig-t |

Separable verbs, such as **ab-holen** *and* **auf-machen** *add the* **ge-** *where the verb separates:*

| ab-hol-en | ab-**ge**-hol-**t** |
| auf-mach-en | auf-**ge**-mach-**t** |

ÜBUNG

2

Wie heißen die Partizipien?

Beispiel
spielen – *gespielt*

a) tanzen – _____
b) machen – _____
c) frühstücken – _____
d) kosten – _____
e) kochen – _____

f) telefonieren – *telefoniert*
g) bezahlen – _____
h) besuchen – _____
i) einkaufen – *eingekauft*

ÜBUNG 3

Welches Wort passt?

a) Der Computer hat 1400 € _____ .
b) Sie haben bis fünf Uhr am Morgen Salsa _____ .
c) Sie hat Freunde _____ .
d) Er hat im Supermarkt _____ .
e) „Hast du schon die Rechnung _____ ?"

ÜBUNG 4

Was passt zusammen?

a) eine Radiosendung   1 gebucht
b) einen Spaziergang   2 gehabt
c) mit einem Freund   3 gespielt
d) ein Ticket   4 gehört
e) Besuch von Freunden   5 gemacht
f) Tennis   6 telefoniert

ÜBUNG 5

2.10

Hören Sie die Gespräche. Es ist Sonntagmorgen.

Was hat Ulrike gestern gemacht?
Was hat Angela gestern gemacht?

	ULRIKE	ANGELA
Am Morgen		
Am Nachmittag		
Am Abend		

Hören Sie noch einmal zu!

a) Wo war Ulrike am Morgen?
b) Wer hat im *Club 22* Musik gemacht?
c) Wie viel hat das Handy gekostet?
d) Was für Musik haben Angela und Bernd abends gehört?

war, waren

war and **waren** are the words most commonly used in German to say *was* or *were*:

Wo war Jochen gestern?   Where was Jochen yesterday?
Wir waren auf dem Markt.   We were at the market.

The full forms are:

ich war   wir waren
du warst   ihr wart
Sie waren   Sie waren
er/sie/es war   sie waren

ÜBUNG
6

Schreiben Sie, was die beiden gemacht haben.

Beispiel
Am Samstagmorgen war Ulrike in der Stadt
und hat eingekauft. Danach hat sie ... .

ÜBUNG
7

Partnerarbeit

Partner A: Ihr Partner (Partner B: Seite 247) möchte
wissen, was Sie am Wochenende gemacht haben.
Erzählen Sie, bitte.

Beispiel
Am Samstagmorgen habe ich im Café gefrühstückt.
Dann habe ich ...

Samstag

10.00
im Café frühstücken –
dann einkaufen

15.00
einen Tai-Chi-Kurs machen

19.00
Freunde besuchen,
zusammen kochen

Sonntag

11.00
im Garten arbeiten

14.30
einen Spaziergang im Stadtpark
machen

20.00
mit einer Freundin telefonieren,
im Internet surfen

Fragen Sie dann Ihren Partner, was sie/er gemacht hat.
Schreiben Sie die Antworten in die Box.

Beispiel
Was hast du am Samstagmorgen/Samstagnachmittag/
Samstagabend gemacht?

Antworten von Ihrem Partner (Partner B).

	Samstag	Sonntag
Am Morgen		
Am Nachmittag		
Am Abend		

Erzählen Sie, was Ihr Partner gemacht hat.

B | Leute auf dem Flohmarkt

People at the flea market

ÜBUNG

8

Lesen Sie den Artikel. Was haben die Leute auf dem Flohmarkt gekauft?

Flohmärkte sind im Moment sehr populär. Ob alt oder jung, arm oder reich, altmodisch oder trendy – jeden Samstagmorgen gehen Tausende auf den Flohmarkt. Der Tagesanzeiger wollte wissen, was den Flohmarkt so interessant macht und was die Leute kaufen. Wir haben letztes Wochenende vier Besucher interviewt.

Renate und Bernd Schmidt, 36, 40

„Wir haben eine alte Platte von den Rolling Stones gekauft. Die Rolling Stones sind einfach super, unsere Lieblingsband. Mick Jagger hat so eine fantastische Stimme. Wir haben die Platte zwei Jahre gesucht. 19,50 Euro ist nicht billig, aber dafür ist die Platte einfach toll."

Heinz Günther, 45

„Ich habe ein interessantes Buch über Lateinamerika gekauft. Ich reise gern und möchte diesen Sommer nach Mexiko fahren. Das Buch hat informative Texte und viele schöne Fotos."

Annett Wunderlich, 24

„Ich habe ein neues Hemd gekauft. Für 10 Euro, aus London. Im Kaufhaus zahle ich 17,50 Euro oder mehr. Es sieht sehr cool aus, oder? Man kann tolle Sachen auf dem Flohmarkt finden, fast alles."

Christine Brandt und Werner Eickes, 20, 30

„Wir haben einen alten, mechanischen Wecker gekauft. Mein Mann hat ein großes Problem: Er kann morgens schlecht aufstehen. Ich glaube, der Wecker hier ist so laut, den muss man hören. Und wir haben nur 2,95 Euro bezahlt."

Beantworten Sie die Fragen:

a) Was sagen Renate und Bernd Schmidt über Mick Jagger?

b) Wohin fährt Herr Günther diesen Sommer und was macht er gern?

c) Was hat Annett gekauft und wie viel hat sie bezahlt?

d) Welches Problem hat Herr Eickes?

Adjektivendungen

*Any adjective which comes between the indefinite article **ein** and a noun has to be given an ending, depending on the gender and case of the noun: e.g. when you say what someone has, you need the accusative case and the endings are:*

Masculine	**-en**	Werner hat einen mechanisch**en** Wecker.	der Wecker
Feminine	**-e**	Renate hat eine alt**e** Platte.	die Platte
Neuter	**-es**	Heinz hat ein interessant**es** Buch.	das Buch

In the plural, if there is no article the ending is **-e** *for all genders:*

Auf dem Flohmarkt kauft man toll**e** Sachen.

For more details on adjectival endings see the Grammatik section on page 159.

ÜBUNG 9

Ergänzen Sie:

a) Bernd und Heike sagen, Mick Jagger hat eine _____ Stimme.

b) Herr Günther hat ein _____ Buch über Südamerika gekauft.

c) Annett sagt, man kann _____ Sachen auf dem Flohmarkt finden.

d) Frau Brandt und Herr Eickes haben einen _____ , _____ Wecker gekauft.

ÜBUNG 10

Mehr Adjektivendungen. Üben Sie.

a) Er braucht ein neu... Handy.

b) Sie hat einen modisch... Pullover.

c) Ich möchte gern eine gut... Flasche Wein.

d) Herr Ihβen hat einen interessant..., aber auch anstrengend... Beruf.

e) Hast du ein schön... Wochenende gehabt?

f) Sie haben alt... Freunde besucht.

ÜBUNG **11**

Wie heißt das Gegenteil?

Beispiel
gut – schlecht
a) klein _____
b) billig _____
c) interessant _____
d) alt _____
e) reich _____
f) leicht _____
g) modisch _____

teuer   NEU

altmodisch

schwer   arm   groß

langweilig

schlecht

ÜBUNG **12**

Kennen Sie noch mehr Adjektive?

Arbeiten Sie mit einem Partner und machen Sie eine Liste.

Machen Sie ein Quiz: „Wie heißt das Gegenteil von ...?"

Fragen Sie in der Klasse. Wer bekommt die meisten Punkte?

Deutschland-Info

FLOHMÄRKTE

Markets selling antiques and second-hand goods are very popular in Germany. The **Flohmarkt Tiergarten** on the **Straße des 17. Juni** is a must-see if you are in Berlin. Look out for leaflets advertising markets in smaller towns and even in remote villages. You'll find details of big city markets in magazines like **Zitty**.

Here's a typical extract from the **Flohmarkt** section of **Zitty**. See how much you can understand.

> **Flohmarkt Tiergarten**
> Flohmarkt am Tiergarten Straße des 17. Juni. Tel: 26 55 00 96. Sa, So 10–17 Uhr. Einer der meistbesuchten Flohmärkte in Berlin, der auch viele Touristen anzieht. Dementsprechend liegen die Preise etwas höher als bei anderen Locations. Doch wer ein bisschen tiefer schürft, wird auch hier ein Schnäppchen machen können. Es gibt Platten und CDs der verschiedensten Musikrichtungen, aber auch Möbel. Direkt angeschlossen ist ein Kunsthandwerkermarkt.

V O K A B E L N

anziehen	*to attract*
dementsprechend	*accordingly, correspondingly*
tief	*deep*
schürfen	*to dig*
das Schnäppchen (-)	*bargain*
verschieden	*different, (here) varied*
die Musikrichtung (-en)	*music genre, lit. music direction*
angeschlossen	*attached, adjoining*
der Kunsthandwerker (-)	*craftsperson*

ÜBUNG
13

Sie waren auf dem Flohmarkt.

Was haben Sie gekauft? Was hat es
gekostet?

VOKABELN

Ich brauche eine   *I need sunglasses.*
    Sonnenbrille.

Brille *is used in the singular in German.*

der Cowboyhut
18 €

der Cocktail-Shaker
12,50 €

die Lampe
29 €

der Anzug
38,50 €

das Bild
30 €

die Sonnenbrille
9,75 €

Üben Sie mit Ihrem Partner.

Beispiel
Partner A
Ich habe einen schönen Cowboyhut gekauft. Er hat
18 € gekostet. Und du?

Partner B
Ich habe ...

Finden Sie mehr Beispiele.

Schreiben Sie dann kleine Monologe, wie in Übung 8.

C | Mehr über die Vergangenheit
More about the past

ÜBUNG
14

Lesen und Lernen

Der Ausflug ins Grüne

Sie sind um halb sieben
aufgestanden.

Sie sind mit dem Zug
gefahren.

Sie sind lange spazieren
gegangen.

Um ein Uhr sind sie sehr
müde gewesen.

Sie haben gut gegessen
und getrunken.

Sie haben gesungen.

Um 17.00 Uhr haben
sie den Zug
genommen.

Sie haben sehr gut
geschlafen.

Present perfect tense – II (irregular verbs)

There is a group of verbs that form their past participles with a **ge-** *at the beginning and an* **-en**, *rather than a* **-t**, *at the end. These verbs also often change their stems, so the past participles simply have to be learned:*

trink-en	**ge**-trunk-**en**	(compare English *drink, drunk*
sing-en	**ge**-sung-**en**	and *sing, sung*)

As mentioned before, verbs beginning with **be-** *or* **er-** *do not add a* **-ge**. *Nor do verbs beginning with* **ver-**.

bekomm-en	bekomm-en
versteh-en	verstand-en

And separable verbs add the **-ge-** *where the verb separates:*

auf-steh-en	auf-**ge**-stand-**en**

Some verbs form their perfect tense with **sein** *rather than* **haben**. *The most important ones that you have met so far are:*

gehen	Ich **bin** gestern auf den Markt **gegangen**.
kommen	Tom **ist** erst um 1.00 Uhr morgens nach Hause **gekommen**.
fahren	Ich **bin** im Oktober nach Italien **gefahren**.
aufstehen	Sie **ist** um halb acht **aufgestanden**.

The past participle of **sein** *is highly irregular:*

Ich **bin** gestern sehr müde **gewesen**.

Note that it is very common to say **Ich war ...** *instead of* **Ich bin ... gewesen**.

ÜBUNG
15

Was fehlt?
haben oder **sein**?

Do you remember how these verbs go?

ich habe	wir haben	ich bin	wir sind
du hast	ihr habt	du bist	ihr seid
Sie haben	Sie haben	Sie sind	Sie sind
er/sie/es hat	sie haben	er/sie/es ist	sie sind

a) Am Wochenende _____ ich nach Köln gefahren.

b) Er _____ in München sehr viel Bier getrunken.

c) _____ Sie schon den neuen Film mit Cate Blanchett gesehen?

d) Am Donnerstag _____ Birgit ins Theater gegangen.

e) _____ du schon einmal in Deutschland gewesen?

f) Am Sonntag _____ Thomas seine Großeltern besucht.

g) Gestern _____ ich einen alten Freund getroffen.

h) Oh, das _____ ich vergessen.

ÜBUNG
16

Lesen und Lernen. Eine anstrengende Woche

DAS PORTRÄT

Peter Wichtig

Peter Wichtig, 34, gelernter Elektriker, ist einer der besten Sänger in Deutschland. Für seine Hits hat er bislang zwei goldene Schallplatten bekommen. Im Moment bereitet er mit seiner Band eine große Tournee vor. Wir haben ihn in seinem Studio getroffen und mit ihm über das Leben eines Rockstars gesprochen und ihn gefragt: „Was haben Sie letzte Woche gemacht?"

„Tja, im Moment arbeite ich sehr viel. Ich bin praktisch kaum zu Hause gewesen. Mein Terminkalender ist total voll. Also, am Montag bin ich nach New York geflogen. Dort habe ich einige Produzenten getroffen. Am Abend war ich auf einer Party bei meinem alten Freund Robert (de Niro) und habe Kaviar gegessen und Champagner getrunken. Ich bin nur einen Tag in New York geblieben. Dienstag und Mittwoch bin ich in Florida gewesen und bin im Atlantik geschwommen. Außerdem habe ich einige Interviews gegeben und auch ein paar neue italienische Anzüge gekauft.

Donnerstag bin ich nach Deutschland zurückgekommen: am Abend habe ich in einer Fernsehshow gesungen. Am Freitag habe ich wieder Interviews gegeben und bin dann ins Kasino gegangen. Am Wochenende bin ich Ski gelaufen und habe den Video-Clip für meinen neuen Song gesehen. Das Lied heißt: ‚Ich kann dich nicht vergessen!' Sie können es kaufen, es ist fantastisch."

Was ist hier falsch? Korrigieren Sie, bitte:

a) Peter Wichtig ist nach Sibirien geflogen.
b) Auf einer Party hat er Hamburger gegessen und Dosenbier getrunken.
c) Er hat Leonardo di Caprio getroffen.
d) In Florida ist er im Hotel-Swimmingpool geschwommen.
e) Er hat neue Socken gekauft.
f) Am Freitag ist er ins Kino gegangen.
g) Am Wochenende ist er im Park spazieren gegangen.
h) Sein neues Lied heißt: „Ich habe dich vergessen!"

TIPP
Achtung!
Ich bin **im** Kino gewesen.
Aber: Ich bin **ins** Kino gegangen.
See pages 124, 125.

ÜBUNG 17

Wie heißt es richtig?

Alle Wörter können Sie im Text finden.

Verb	Past participle
a) trinken	_____
b) _____	getroffen
c) essen	_____
d) sprechen	_____
e) gehen	_____
f) fahren	_____
g) _____	geflogen
h) _____	geblieben

ÜBUNG 18

Mehr über Peter Wichtig …

Peter Wichtig war beim Radio-Sender OK München und hat ein Interview gegeben. Hören Sie bitte das Interview und beantworten Sie die Fragen:

Wie lange macht er Musik?
_____

Wer schreibt seine Songs?
_____

Was war sein erster Hit?
_____

Was macht er in seiner Freizeit?
_____

Wie viele CDs hat er gemacht?
_____

2.12

Lied: Ich kann dich nicht vergessen

NÜTZLICHE AUSDRÜCKE

Gestern Am Montag / Am Dienstag, etc. Montagmorgen / Dienstagmittag / Mittwochabend, etc. Letzte Woche / Letztes Wochenende	habe ich (lange / viel / im Garten) gearbeitet. habe ich Fußball / Tennis / Golf gespielt. habe ich meine Eltern / Freunde besucht. bin ich ins Kino / ins Theater / in die Oper / in die Kirche gegangen. bin ich im Park spazieren gegangen. bin ich nach Brighton / Paris gefahren. bin ich zu Hause geblieben. habe ich ferngesehen. habe ich einen langweiligen Film / eine englische Band / ein interessantes Theaterstück gesehen.

ÜBUNG 19

Und jetzt Sie!

Eine Freundin in Deutschland möchte wissen, was Sie letzte Woche oder letztes Wochenende gemacht haben. Bitte schreiben Sie ihr! Sie brauchen nicht die Wahrheit zu sagen.

ÜBUNG 20

Fragen Sie jetzt Ihre Partnerin/Ihren Partner. Was haben Sie letztes Wochenende/letzte Woche (Am Montag, am Dienstag, usw.) gemacht?

Betreff: Letzte Woche
Von:
An: Petra.Krämer@web.de
Datum: 13.Nov 22:25:49 Uhr
Liebe Petra,
wie geht es dir? Ich hoffe, gut. Also, du möchtest wissen, was ich gemacht habe. Kein Problem.
Also, _____

_____

Ich freue mich schon auf deine nächste E-Mail.
Viele Grüße
Dein / Deine _____

D | Früher und heute

ÜBUNG 21

Lesen und Lernen

V O K A B E L N

vor einem Jahr	one year ago
vor zwei, zehn, zwanzig Jahren	two, ten, twenty years ago

Vor 65 Jahren war er ein Baby und hat keine Haare gehabt.

Vor 40 Jahren hat er studiert und lange Haare gehabt.

Vor 30 Jahren hat er in einer Bank gearbeitet und kurze Haare gehabt.

Vor 10 Jahren hat er graue Haare gehabt.

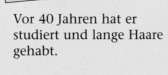

Heute ist er Rentner und hat lange, weiße Haare.

ÜBUNG 22

2.13

Hören Sie zu!

Klassentreffen

Vor 25 Jahren sind sie zusammen in die Schule gegangen und jetzt treffen sie sich und reden über die alten Zeiten.

Was haben die Leute früher gemacht?

	HAARE	TRINKEN	MUSIK	FREIZEIT
Juliane	hat schöne schwarze Haare gehabt	hat viel Kräutertee getrunken	_____?	_____?
Dieter	hat lange Haare gehabt	_____?	_____?	_____?

Und heute?

	HAARE	TRINKEN	MUSIK	FREIZEIT
Juliane	_____?	_____?	_____?	geht zum Windsurfen, reist gern
Dieter	_____?	trinkt viel Wasser, manchmal ein Glas Rotwein	hört gern klassische Musik, vor allem Beethoven	_____?

Schreiben Sie un erzählen Sie dann:

Vor 25 Jahren hat Juliane schöne schwarze Haare gehabt, heute hat sie immer noch _____ Haare.
Früher hat sie viel Kräutertee getrunken, aber heute trinkt sie manchmal gern

_____.
Vor 25 Jahren hat sie _____ gehört, aber heute hört sie _____ .
Früher ist sie viel _____ , aber heute _____.

Was können Sie über Dieter sagen?

NÜTZLICHE AUSDRÜCKE

The word **früher**, meaning *earlier*, *previously* or *in former times* is what you use in German to say what people *used* to do.

Früher haben Klaus und Doris nur klassische Musik gehört.
Klaus and Doris only used to listen to classical music.

ÜBUNG **23**

2.14

Fragen Sie Ihre Partnerin/Ihren Partner.

Wo haben Sie vor 5 / 10 / 20 / 30 Jahren gelebt?
Und wo leben Sie heute?
Was haben Sie gemacht?
Und was machen Sie heute?
Welche Musik haben Sie früher gehört?
Welche Musik hören Sie heute?
Haben Sie lange / kurze / bunte Haare gehabt?
Sind Sie oft ins Kino gegangen?
Gehen Sie jetzt noch oft ins Kino?
Was für Hobbys haben Sie gehabt?
Was haben Sie in Ihrer Freizeit gemacht?
Was für Hobbys haben Sie heute?
Was machen Sie heute in Ihrer Freizeit?

Finden Sie mehr Fragen.

Diskutieren Sie in der Klasse. Was ist anders?

Beispiel
Früher habe ich in Polen, in Warschau gelebt, aber heute lebe ich in London.
Früher habe ich … , heute …

Klassenfotos eines Abi-Jahrgangs des Aventinus-Gymnasiums Burghausen

1988

1992

1994

2.15

TIPPS ZUR AUSSPRACHE

Listen to the pronunciation of the letter l in these words.

leben	lernen	ledig	Lehre
helfen	wollen	vielleicht	wirklich
Enkel	Onkel	manchmal	kühl

The German l is closer to the first l in little *as pronounced in standard British English. Try to avoid using the so-called dark l – the second l in* little *– in German.*

☺ *How would you pronounce these words: Schlüssel, selten, Milch?*

Grammatik

Present perfect tense

Group I – regular or weak verbs
Verbs like **kaufen** and **spielen** do not change their stems (in this case **kauf-** and **spiel-**) to form their past participles. The past participles normally begin with **ge-** and end in **-t**.

INFINITIVE	PAST PARTICIPLE
machen	**ge**macht
spielen	**ge**spiel**t**

Group II – irregular or strong verbs
The past participles of verbs like **fahren**, **fliegen**, **stehen** and **nehmen** normally begin with **ge-** and end in **-en**. They often change their stems, too.

INFINITIVE	PAST PARTICIPLE
fahren	gefahren
fliegen	ge**flo**gen
gehen	ge**gang**en
nehmen	ge**nomm**en

Some of the verbs take **sein** (see below).

Group III – mixed verbs
A few verbs mix the features of verbs from Groups I and II. These verbs behave in most respects like verbs from Group I: the past participles end in **-t** but they also show a change in their stems, like many Group II verbs.

INFINITIVE	PAST PARTICIPLE
kennen	ge**kann**t
bringen	ge**brach**t

Haben *(to have)* and sein *(to be)*

These two verbs are so frequently used that they need to be listed separately:

INFINITIVE	PAST PARTICIPLE
haben	gehabt
sein	gewesen

Sein or haben?

Most verbs from all three of the groups above form the present perfect tense using **haben** + past participle. A few verbs, mainly those that refer to coming and going, and movement, form the perfect tense using **sein** + past participle.

Two common exceptions are **sein** (*to be*) and **bleiben** (*to stay*).

bleiben	Florian **ist** am Wochenende zu Hause geblieben.	*Florian stayed at home at the weekend.*
kommen	Ich **bin** gestern Abend früh nach Hause gekommen.	*I came home early last night.*
fliegen	Daniela **ist** heute nach München geflogen.	*Daniela flew to Munich today.*

For a list of the most common irregular and mixed verbs, see page 250.

Adjectival endings

Earlier in this unit you practised the endings that go on adjectives after the indefinite article (**ein**, etc.) in the accusative case. These endings are used not only after **ein** but also after **kein, mein, dein**, etc.

	MASCULINE	FEMININE	NEUTER
Accusative	-en	-e	-es

Note that in the plural the ending is **-e** if there is no article, but **-en** after **kein, mein, dein**, etc.:
Er hat neu**e** CDs gekauft.
Er hat seine alt**en** CDs verschenkt.

Masc. acc.	Gibt es hier keinen interessant**en** Flohmarkt?
Fem. acc.	Wo finde ich eine neu**e** Sonnenbrille?
Neut. acc	Hast du mein weiß**es** Hemd gesehen?

Adjectives do not add endings if they stand on their own:

Ist dein Hemd neu?
Dieser Flohmarkt ist wirklich sehr interessant.

Mehr Übungen ...

1 Wie heißen die Partizipien?

    a) Werner Lübke ist letzten Freitag nach Zürich _____ (fliegen).
    b) Dort hat er seine Freundin Dagmar _____ (besuchen).
    c) Dagmar hat ihn vom Flughafen _____ (abholen).
    d) Freitagabend sind sie ins Kino _____ (gehen).
    e) Sie haben einen sehr guten Film _____ (sehen).
    f) Samstag haben sie lange _____ (schlafen).

2 **Sein** oder **haben**? Die Geschichte geht weiter ...

    a) Erst um 10.30 Uhr _____ Werner und Dagmar aufgestanden.
    b) Um 11 Uhr _____ sie dann gefrühstückt.
    c) Sie _____ frische Brötchen gegessen.
    d) Dazu _____ sie zwei Tassen Kaffee getrunken.
    e) Und um 11.30 Uhr _____ sie dann im Stadtzentrum spazieren gegangen.
    f) Sie _____ mehrere neue Kleidungsstücke gekauft.

3   Frau Adorno arbeitet in einer
    Marketingfirma. Dort gibt es immer
    viel zu tun. Das hat sie zum Beispiel
    gestern gemacht.

Was hat sie gemacht? Schreiben Sie.

Beispiel
Um 8 Uhr 30 hat sie eine Besprechung
mit Dr. Paul gehabt.

a) Um 10 Uhr hat sie ... .
b) Danach ... .
c) ____ .
d) ____ .
e) ____ .
f) ____ .

Dienstag	
8:30	Besprechung mit Dr. Paul
10:00	mit Frau Martini telefonieren
10:30	die Firma Schmidt + Consultants besuchen
12:45	im Café ein Sandwich essen
15:00	Brief diktieren und Tickets für die Reise nach Rom buchen
17:00	ins Fitnesscenter gehen
19:30	zwei alte Freundinnen treffen

Now you have completed Lektion 8, can you:

tick

1   tell someone what you did at the weekend?   ☐
    See pages 143–4.

2   describe purchases that you have made?   ☐
    See pages 145–8.

3   talk about recent events?   ☐
    See pages 149–54.

4   say how things have changed compared with how   ☐
    they used to be?
    See pages 154–6.

Checkliste

Was haben Sie gelernt?

VERBEN	Verbs
wecken	to wake
im Internet surfen	to surf the Internet
interviewen	to interview
spazieren gehen	to go for a walk
singen	to sing
Ski laufen	to ski

ADJEKTIVE	Adjectives
altmodisch	old-fashioned
arm	poor
bunt	coloured, colourful
grau	grey
lang	long
laut	loud, noisy
modisch	fashionable
reich	rich
toll	great, terrific
weiß	white

KLEIDUNG	Clothing
der Anzug (¨e)	suit
das Hemd (-en)	shirt
die Socke (-n)	sock
die Sonnenbrille (-n)	(pair of) sunglasses
das Unterhemd (-en)	vest

ANDERE NOMEN	Other nouns
der Atlantik	the Atlantic
der Ausflug (¨e)	excursion, outing
die Band (-s)	band
das Baby (-s)	baby
die Blume (-n)	flower
der Hut (¨e)	hat
das Examen (-)	examination
die Fernsehshow (-s)	TV show
ins Grüne	into the countryside
das Haar (-e)	hair
das Handy (-s)	mobile phone
das Interview (-s)	interview
das Klassentreffen (-)	class reunion
das Krankenhaus (¨er)	hospital
die Lampe (-n)	lamp
das Lied (-er)	song
der Produzent (-en)	producer
die Radiosendung (-en)	radio broadcast

die Reinigung (-en)	dry cleaner's
die Sache (-n)	thing
der Sänger (-)	singer
die Schallplatte/ die Platte (-n)	record
der Spaziergang (¨e)	walk
die Stimme (-n)	voice
der Tagesanzeiger	Daily Advertiser
der Terminkalender (-)	appointments diary
die Tournee (-s)	tour
die Vergangenheit	past
der Wecker (-)	alarm clock

NÜTZLICHE WÖRTER	Useful words
bislang	previously, up to now
früher	formerly, earlier
ob	whether
vor einem Jahr	a year ago

9 *neun* Ich wohne lieber in der Stadt

- Saying where people live and what their homes are like
- Making comparisons
- Discussing the pros and cons of city versus country life
- Describing price and location of hotels

■ *Comparative and superlative*
■ *The dative case (continued)*

A | Wohnen in Deutschland

ÜBUNG ①

Lesen und Lernen

Marisa de Monte wohnt in einem Studentenwohnheim.

Frau Heinrichs wohnt in einer Altbauwohnung.

Familie Struszak wohnt in einem Hochhaus.

Familie Poschnik wohnt in einem Reihenhaus.

Matthias wohnt in einer Wohngemeinschaft.

Was passt zusammen? Lesen Sie bitte die Texte. Welcher Text passt zu welchem Bild (in Übung 1)?

a   b   c   d   e

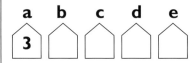

1

„Wir haben eine schöne Wohnung und einen wunderbaren Blick auf die Stadt, aber leider gibt es zu viele Graffitis."

2

„Ich wohne mit drei anderen Leuten zusammen. Wir teilen die Miete und alle Rechnungen. Manchmal gibt es natürlich kleine Probleme, aber ich wohne gern hier."

3

„Früher haben wir im Stadtzentrum gewohnt, aber vor 15 Jahren haben wir das Haus hier gekauft. Wir haben einen großen Garten. Es ist sehr grün und ruhig hier."

4

„Das Zimmer ist natürlich billig und ich wohne sehr zentral, aber leider ist es ein bisschen dunkel und nicht sehr groß, etwa 10 m²."

5

„Ich wohne seit fünfzig Jahren in meiner Wohnung. Die Wohnung ist sehr hell und auch ruhig. 100 Meter von hier bin ich auch geboren."

ÜBUNG

3

2.16

Hatten Sie recht?

Hören Sie bitte zu und überprüfen Sie Ihre Antworten.

ÜBUNG

4

Richtig oder falsch?

Korrigieren Sie die falschen Aussagen.

a) Familie Poschnik hat nur einen kleinen Garten.

b) Das Zimmer von Marisa im Studentenwohnheim kostet nicht viel Miete.

c) Herr Struszak sagt, es gibt zu viele Graffitis.

d) Die Wohnung von Frau Heinrich ist ruhig, aber leider ein bisschen dunkel.

e) Matthias wohnt nicht gern in seiner Wohngemeinschaft.

5

Wie heißt es richtig?

a) das _____

b) das Zweifamilienhaus

c) das Einfamilienhaus

d) die _____

e) das _____

f) das _____

The dative (continued)

*You have already seen that some prepositions (e.g. **mit** and **zu**) are always followed by the dative and that others (e.g. **in** and **auf**) are followed by the dative when the focus is on position or location. In the dative definite articles change as follows:*

Masculine	der	→	**dem**	mit **dem** Bus
Neuter	das	→	**dem**	mit **dem** Auto
Feminine	die	→	**der**	mit **der** Bahn

Note that similar changes apply to the indefinite article **ein** and the possessive adjectives **mein, dein,** etc.

Masculine	Bernd wohnt mit ein**em** Freund zusammen.
Neuter	Wohnst du noch in dein**em** Haus?
Feminine	Frau Heinrich lebt in ein**er** Altbauwohnung.

In the plural, the articles or possessive adjectives end in **-en**, but where possible, an **-n** is also added to the plural form of the noun:

Plural	Ich gehe mit mein**en** Brüder**n** ins Kino..

6

Wie heißt es richtig?

Kombinieren Sie bitte.

Carsten lebt in Frau Müller wohnt in	einer einem	Hochhaus. Wohngemeinschaft. Hotel. Reihenhaus. Wohnung. Studentenwohnheim.

7

Endungen im Dativ

Finden Sie die richtigen Endungen.

a) Frau Dimitrez wohnt in ein___ Einfamilienhaus.

b) Petra wohnt seit einem Jahr in ein___ Wohnung im Stadtzentrum.

c) Wohnst du noch mit dein___ Freundin zusammen?

d) Dieses Wochenende ist er in sein___ Haus am Meer.

e) Fährst du mit dein___ Kinder__ in den Urlaub?

B | Die neue Wohnung

Lesen und Lernen

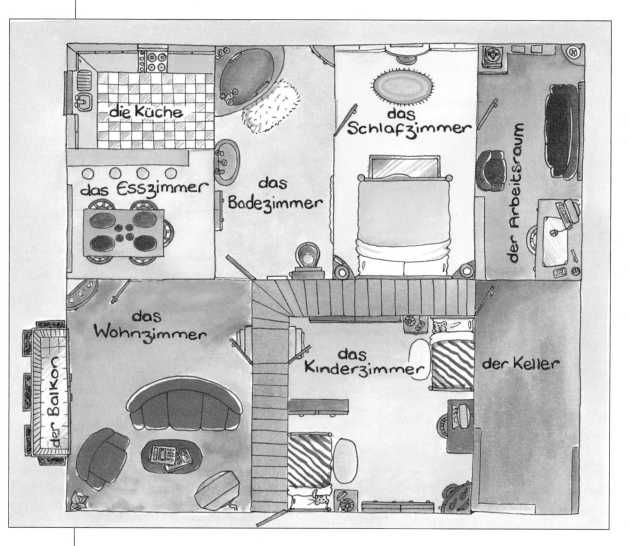

die Küche

das Esszimmer

das Badezimmer

das Schlafzimmer

der Arbeitsraum

das Wohnzimmer

der Balkon

das Kinderzimmer

der Keller

Wie heißen die Zimmer?

a) _____ : dort schläft man.

b) _____ : ein Zimmer für Kinder.

c) *Die Küche* : dort kocht man.

d) _____ : dort kann man sich waschen.

e) _____ : dort wohnt man, liest, sieht fern, etc.

f) _____ : dort kann man im Sommer sitzen.

g) _____ : dort kann man studieren, am Computer arbeiten.

ÜBUNG
10

Wohin kommen die Möbel: in den Keller, in den Arbeitsraum, in die Küche, ins Wohnzimmer, ins Schlafzimmer, usw.?

1 der Computer
2 der Tennisschläger
3 der Schrank
4 das Bett
5 der DVD-Rekorder
6 der Küchentisch
7 die Pflanze
8 die Waschmaschine
9 der Kühlschrank
10 das Sofa
11 der Sessel
12 der Fernseher
13 das Bild
14 die CDs
15 das Regal
16 die Bücher
17 der Topf
18 die Teller
19 die Gummiente

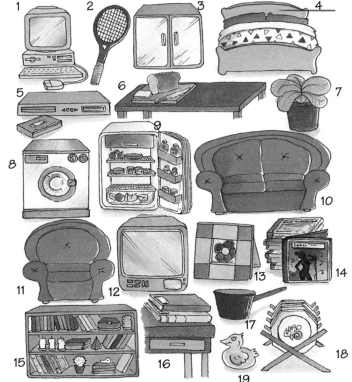

Arbeiten Sie mit einem Partner:

Beispiel
Partner A: Wohin kommt der Computer?
Partner B: In den Arbeitsraum. Und wohin kommt die Pflanze?
Partner A: Vielleicht ins Wohnzimmer. Wohin ...?

Machen Sie eine Liste: Was kommt alles ins Wohnzimmer, ins Kinderzimmer, ...

ÜBUNG
11

2.17

Hören Sie zu! Herr und Frau Martinis neue Wohnung.

Herr und Frau Martini haben sehr lange eine neue Wohnung gesucht und endlich eine schöne Wohnung gefunden. Frau Martini spricht mit einer Freundin. Was sagt sie?

a) Wie lange haben sie gesucht?
b) Wie viele Zimmer hat die Wohnung?
c) Wie hoch ist die Miete?
d) Wo liegt die Wohnung?
e) Was brauchen sie noch?
f) Wann machen sie eine Party?

Deutschland-Info

MIETEN ODER KAUFEN? *To rent or to buy?*

In Germany more people rent their homes than in most other European countries. Only about 45% of homes in the western **Länder** and about 35% in the eastern **Länder** are owner-occupied, although these figures are steadily rising. The majority of people live in apartments rather than individual houses, and apartments tend to be quite spacious, especially in older buildings, or **Altbauwohnungen**. There are strict laws protecting tenants against unfair rent increases and against arbitrary notice to quit, **Kündigung**.

Over recent decades the government has tried to ease the housing shortage by giving incentives for the provision of owner-occupied properties. Buy-to-rent investment schemes have also become an established feature of the German housing scene.

12

Hatten Sie recht? Lesen Sie jetzt bitte, was Frau Martini geschrieben hat. Überprüfen Sie Ihre Antworten von Übung 11.

Dortmund, 23. August

Liebe Imra,

danke für deine nette E-Mail. Endlich, endlich haben wir eine neue Wohnung. Du weißt, wir haben fast sechs Monate gesucht. Rainer, Sven und ich sind jetzt natürlich total glücklich, denn endlich haben wir mehr Platz.

Es ist nämlich eine sehr große Wohnung und sie liegt relativ zentral, in der Nähe vom Stadtpark. Die Umgebung ist ruhig und sehr grün, aber leider ist es bis zum nächsten Supermarkt ein bisschen weit.

Wir haben vier Zimmer, ein Wohnzimmer, ein Schlafzimmer und ein Kinderzimmer für Sven und dann sogar einen Arbeitsraum und eine große Küche und ein Badezimmer.

Der Arbeitsraum ist sehr klein, aber endlich kann ich dort in Ruhe arbeiten (und auch mehr E-Mails und Briefe schreiben!).

Die Miete ist nicht so teuer, 510 Euro, natürlich plus Nebenkosten, also plus Wasser, Elektrizität und Gas. Das ist ziemlich günstig, denn im Moment sind Wohnungen sehr teuer.

Leider haben wir keinen Keller, wo wir unsere alten Sachen und Fahrräder lassen können.

Dafür sind die Verkehrsverbindungen sehr gut, denn bis zur U-Bahn sind es nur fünf Minuten und im Sommer kann ich mit dem Fahrrad zur Arbeit fahren: ein gutes Fitnessprogramm.

Ach ja, die Möbel – wir haben fast alles, aber ein paar Sachen brauchen wir noch, zum Beispiel eine neue Waschmaschine und für die Küche ein paar Regale. Unsere alte Waschmaschine funktioniert nämlich nicht mehr.

Und wie geht es dir? Und deinem Mann und den Kindern? Hat Peter schon einen neuen Job gefunden?

Grüß alle herzlich und ich hoffe, es geht euch gut.

Deine Marlies

PS: Wir wollen nächsten Monat eine Einweihungsparty machen. Ich rufe dich an und sage dir den Termin.

V O K A B E L N

die Nebenkosten (*plural only*)	*bills*
der Keller (-)	*cellar*
die Einweihungsparty (-s)	*house-warming party*
relativ	*relatively*
ziemlich	*quite, fairly*
total	*totally*

ÜBUNG 13

Machen Sie bitte eine Liste: Was für Vorteile hat die
neue Wohnung? Was für Nachteile?

VORTEILE	NACHTEILE
1 Die Wohnung ist sehr groß.	1 Bis zum nächsten Supermarkt ist es ein bisschen weit.
2	2
3	3
4	
5	
6	

nicht	nicht so /	relativ	ziemlich	sehr	total
not	nicht sehr	*relatively*	*quite*	*very*	*completely*
	not so / not very				

ÜBUNG 14

Sagen Sie es anders.

Was passt?

a) Frau Nadolny wohnt in der Nähe vom
   Hauptbahnhof.

   1 Sie wohnt nicht zentral.
   2 Sie wohnt nicht so zentral.
   3 Sie wohnt ziemlich zentral.

b) Bis zur U-Bahn-Station sind es 500
   Meter.

   1 Das ist nicht so weit.
   2 Das ist sehr weit.
   3 Das ist relativ weit.

c) Eine 3-Zimmer-Wohnung kostet
   410 Euro Miete im Monat.

   1 Das ist total teuer.
   2 Das ist relativ billig.
   3 Das ist nicht sehr billig.

d) Das Haus hat 12 Zimmer und einen
   Swimmingpool.

   1 Das Haus ist relativ groß.
   2 Das Haus ist ziemlich klein.
   3 Das Haus ist total groß.

NÜTZLICHE AUSDRÜCKE

Ich wohne / Wir wohnen ...	in einem Reihenhaus / in einer Wohnung / in einem Studentenwohnheim, etc.
Die Wohnung / Das Haus hat ...	2 / 3 / 4 Zimmer und einen kleinen / großen / keinen Garten.
Die Wohnung liegt relativ / ziemlich ...	zentral / außerhalb.
Die Zimmer sind relativ / sehr ...	klein / groß / laut / hell, etc.
Wir haben ...	viel / wenige / alte / neue / moderne / antike Möbel.
Die Umgebung ist nicht so / ziemlich ...	grün / ruhig / laut.
Die Verkehrsverbindungen sind ...	gut / schlecht.

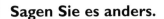

ÜBUNG

15

Fragen Sie Ihre Partnerin/Ihren Partner.
Benutzen Sie auch **relativ**, **ziemlich**, **sehr**, usw.

Fragen	Ihr Partner	Sie
Wo wohnen Sie?		
Wie viele Zimmer hat das Haus / die Wohnung, etc.?		
Wie sind die Zimmer?		
Haben Sie einen Garten?		
Ist die Miete / die Hypothek teuer?		
Wie ist die Umgebung?		
Haben Sie gute Verkehrsverbindungen?		
Wie lange fahren Sie zur Arbeit / in die Stadt?		
Fahren Sie mit dem Auto / mit dem Bus / mit der U-Bahn?		

Was können Sie noch sagen? Finden Sie mehr Fragen.

Hören Sie jetzt, was Marcus Baumann auf die Fragen
antwortet. Verstehen Sie alles, was er sagt?

2.18

ÜBUNG
16

2.19

Hören Sie zu und beantworten Sie die Fragen. Daniela redet über Mietpreise für Studentenwohnungen in München und in Canterbury.

Daniela is talking about rents for students in Munich and in Canterbury.

Richtig oder falsch?

	Richtig	Falsch
a) Daniela wohnt zu Hause bei ihren Eltern.	☐	☐
b) Ihre Eltern wohnen weit von München entfernt.	☐	☐
c) Die Mietpreise in München sind sehr hoch.	☐	☐
d) Es gibt in München nur wenige Wohngemeinschaften.	☐	☐
e) Die Studentenwohnungen sind sehr schön und relativ groß.	☐	☐
f) In ihrer Zeit in Canterbury wohnt Daniela in Park Wood. Das findet sie ganz toll.	☐	☐
g) Zimmer sind in Canterbury billiger als in München.	☐	☐
h) Das Essen ist in München viel teurer als in Canterbury.	☐	☐

C | Wo leben Sie lieber: Auf dem Land oder in der Stadt?

ÜBUNG
17

Lesen und Lernen

Argumente pro Stadt:

Die Stadt ist größer.
Man kann mehr machen als auf dem Land.
Das Leben ist interessanter.

Argumente pro Land:

Die Luft ist besser.
Es ist ruhiger als in der Stadt.
Auf dem Land ist es grüner als in der Stadt.

Comparative

*To make comparisons in English you simply add -er to short adjectives (e.g. cheap), or put **more** in front of longer ones (e.g. interesting):*

*This house is cheap**er** (than that one).*
*This book is **more** interesting (than that one).*

Using adjectives in this way is called the comparative. In German the system is simpler. Only the -er form is used:

Dieses Haus ist billig**er**.
Dieses Buch ist interessant**er**.

*Most words with an **a**, **o** or **u** take an Umlaut:*

Im Winter ist es hier viel k**ä**lter.
Deine Wohnung ist gr**ö**ßer.

For more details see Grammatik, page 176.

Leben Sie lieber auf dem Land oder in der Stadt?
Lesen Sie den Text und beantworten Sie dann die Fragen.

> **Unsere Städte werden immer größer, lauter, hektischer. Ist es nicht besser, auf dem Land zu leben? Wir haben vier Personen gefragt: „Leben Sie lieber auf dem Land oder in der Stadt? Und warum? Was ist besser?"**

MANFRED TEUTSCHEK, 27, STUDENT
Auf dem Land wohnen? Nie wieder! Ich habe als Kind dort gelebt, es ist viel zu langweilig.
Hier in der Stadt ist alles interessanter, bunter als auf dem Land. Man kann viel mehr machen.

CLAUDIA FISCHER, 28, MODEDESIGNERIN
Ich lebe gern in der Stadt. Es ist sehr kosmopolitisch. Die Leute sind offener und man kann mehr machen. Aber manchmal ist es auch stressiger als auf dem Land.

ESTHER REIMANN, 32, PHYSIOTHERAPEUTIN
Wir haben 15 Jahre in Berlin gelebt und sind vor einem Jahr aufs Land gezogen.
Es ist viel grüner hier, die Luft ist besser, die Leute sind freundlicher. Es war die richtige Entscheidung.

GERD SCHMÜCKE, 63, BEAMTER
Stadt oder Land? In der Woche arbeite ich in der Stadt, aber am Wochenende fahre ich aufs Land in mein kleines Haus. Dort ist es ruhiger und friedlicher als in der Stadt.

a) Wo hat Manfred als Kind gelebt?
b) Wie findet er das Leben auf dem Land?
c) Was sagt Frau Reimann über das Leben auf dem Land?
d) Wie findet Frau Fischer das Stadtleben?
e) Warum fährt Herr Schmücke am Wochenende aufs Land?

VOKABELN

die Luft (¨)	air
die Entscheidung (-en)	decision
kosmopolitisch	cosmopolitan
friedlich	peaceful

ÜBUNG 19

Was passt zusammen? Kombinieren Sie, bitte.

Das Leben auf dem Land ist ... Das Leben in der Stadt ist ...	langweiliger interessanter friedlicher kosmopolitischer ruhiger stressiger	als in der Stadt. als auf dem Land.

ÜBUNG 20

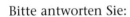

Welche Stadt ist größer?

welch- im Nominativ (+ the verb *sein*)

der Fluss → Welcher Fluss ist länger?
die Stadt → Welche Stadt ist interessanter?
das Land → Welches Land ist größer?
die Leute → Welche Leute sind freundlicher?

Bitte antworten Sie:

Beispiel
Welche Stadt ist größer: London oder New York?
New York ist größer als London.
oder Ich denke, New York ist größer (als London).

a) Welcher Fluss ist länger: die Themse oder der Rhein?
b) Welcher Berg ist höher: das Matterhorn oder die Zugspitze?
c) Welches Land ist kleiner: Österreich oder die Schweiz?
d) Welches Auto ist schneller: der Porsche oder der Polo?
e) Was finden Sie interessanter: Kino oder Theater?
f) Was trinken Sie lieber: Tee oder Kaffee?
g) Wo leben Sie lieber: auf dem Land oder in der Stadt? Warum?

Finden Sie mehr Fragen. Machen Sie dann ein Quiz mit Ihrer Partnerin/Ihrem Partner oder mit der ganzen Klasse.

Nützliche Ausdrücke

Das weiß ich nicht!
I don't know!

Keine Ahnung!
(I've) no idea!

D | Welches Hotel nehmen wir?

Im Verkehrsamt

Hören Sie bitte und entscheiden Sie, was richtig und
was falsch ist.

Frau Johannsen sucht ein Zimmer.

	Richtig	Falsch
a) Frau Johannsen sucht ein Zimmer für drei Tage.	☐	☐
b) Das Hotel Offenbach liegt im Zentrum.	☐	☐
c) Das Hotel Atlanta liegt 30 Minuten vom Zentrum entfernt.	☐	☐
d) Die Pension Schneider kostet 55 Euro pro Nacht.	☐	☐
e) Das Hotel Atlanta ist billiger als das Hotel Offenbach.	☐	☐
f) Sie nimmt das Zimmer im Hotel Offenbach.	☐	☐

Lesen Sie jetzt bitte den Dialog.

Frau Johannsen	Guten Tag, ich suche ein Hotelzimmer für zwei Tage. Haben Sie etwas frei?
Frau Izmir	Im Moment ist es ein bisschen schwierig. Einen Augenblick – ja, ich habe hier drei Hotels gefunden: das Hotel Offenbach, das Hotel Atlanta und die Pension Schneider.
Frau Johannsen	Welches Hotel liegt denn am zentralsten?
Frau Izmir	Am zentralsten liegt das Hotel Offenbach, nur fünf Minuten vom Zentrum.
Frau Johannsen	Und am weitesten?
Frau Izmir	Am weitesten entfernt ist das Hotel Atlanta, etwa eine halbe Stunde.
Frau Johannsen	Und preislich, welches Hotel ist am billigsten?
Frau Izmir	Am billigsten ist die Pension Schneider, das Einzelzimmer für 67 Euro 50, ein Einzelzimmer im Hotel Offenbach kostet 90 Euro und im Hotel Atlanta ist es am teuersten: 130 Euro.
Frau Johannsen	Und welches ist am komfortabelsten?
Frau Izmir	Am komfortabelsten ist das Hotel Atlanta, mit Swimming-Pool und Park. Das ist sehr schön.
Frau Johannsen	Ich glaube, ich nehme das Hotel Offenbach. Kann ich gleich bei Ihnen buchen?
Frau Izmir	Ja, kein Problem.

ÜBUNG
23

Lesen Sie den Text noch einmal: Welche Informationen fehlen hier?

Hotel / Pension	Zimmer	Preis für Einzelzimmer	Entfernung	Pluspunkte
OFFENBACH	80	_____ ?	_____ ?	sehr zentral, gute Bar
ATLANTA	120	130 €	_____ ?	_____ ?
SCHNEIDER	28	_____ ?	20 Minuten vom Zentrum	familiäre Atmosphäre, ruhig

ÜBUNG
24

Ergänzen Sie:

a) Das Hotel Offenbach ist größer als die Pension Schneider, aber das Hotel Atlanta ist am _____ .

b) Das Hotel Offenbach ist _____ als das Hotel Atlanta, aber die Pension Schneider ist _____ _____ .

c) Die Pension Schneider liegt _____ als das Hotel Atlanta, aber das Hotel Offenbach liegt _____ _____ .

d) Die Pension Schneider ist ruhig... als das Hotel Offenbach, aber das Hotel Atlanta ist _____ _____ .

Superlative

In English, to single out one item in a group as being the cheapest *or* most interesting *of all, you add* -(e)st *to a short adjective or put* most *in front of a longer one:*

This house is the cheapest.
This book is the most interesting.

This form is called the superlative. *In German it goes as follows:*

Dieses Haus ist **am billigsten**.
Dieses Buch ist **am interessantesten**.

As you can see, the word **am** *is added and the ending is* -(e)sten.

For examples of irregular words see Grammatik, page 176.

ÜBUNG
25

Hotels in Leipzig

Lesen Sie die vier Hotelangebote (Seite 175) und beantworten Sie dann die Fragen.

a) Welches Hotel ist am größten?

b) Welches Hotel ist am kleinsten?

c) Wo sind die Zimmer am billigsten?

d) Wo sind sie am teuersten?

e) Welches Hotel liegt am zentralsten?

f) Welches Hotel liegt am weitesten vom Zentrum entfernt?

Schloss Breitenfeld
Hotel & Tagungszentrum

STEIGENBERGER
GRANDHOTEL HANDELSHOF
LEIPZIG

Hotelname	Sterne	Zimmeranzahl	Entfernung zum Zentrum (km)	Preis pro Doppelzimmer/ Nacht
Steigenberger Grandhotel Handelshof	*****	177	0,3	169,00 € exkl. Frühstück (+23,00 €)
Lindner Hotel	****	200	4,2	70,00 € exkl. Frühstück (+17,00 €)
Adagio am Seeburg-Palais	***	32	0,9	95,00 € inkl. Frühstück
Schloss Breitenfeld	****	75	7,7	48,50 € exkl. Frühstück (+10,50 €)

ÜBUNG 26

Und jetzt Sie! Welches Hotel nehmen Sie?

Partner B: Seite 248

Partner A:
Sie suchen ein Hotelzimmer und sprechen mit Frau/Herrn Klinsmann (Ihrem Partner) im Verkehrsamt in Dresden. Es gibt freie Zimmer im Hotel Britannia, im Hotel Mozart und in der Pension Hubertus. Sie stellen Fragen an Frau/Herrn Klinsmann.

Fragen Sie:
Welches Hotel liegt am zentralsten?
Was kosten die Zimmer?
Welches Hotel ist am billigsten?
Welches Hotel ist am ruhigsten?
Haben die Zimmer Bad und Dusche?
Gibt es ein Restaurant in den Hotels?
Was für andere Pluspunkte haben die Hotels?

T I P P S   Z U R   A U S S P R A C H E

2.21

*At the end of a word or syllable the letter **d** in German is pronounced more like an English **t**:*

Abend	Freund	Geld	Fahrrad	Land
abendlich	Freundschaft	Geldschein	Radfahrer	Landschaft

*When the **d** is no longer at the end of the word or syllable it is pronounced as an English d:*

Abende	Freunde	Gelder	Fahrräder	Länder

 How would you pronounce these words: Lied, Lieder, Bad, Bäder, Hund, Hunde?

Grammatik

Comparative and superlative

As you saw in this **Lektion**, making comparisons in German is fairly straightforward and is very similar to the English *cheap, cheaper, cheapest* pattern:

	comparative	superlative
billig	billig**er**	**am** billig**sten**
schön	schön**er**	**am** schön**sten**

Note that adjectives ending in **t** (e.g. **interessant**) add an extra **-e** in the superlative form:

interessant   interessant**er**   **am** interessant**esten**

Most words with an **a**, **o** or **u**, like **warm** and **jung**, take an Umlaut in the comparative and superlative forms:

Hier ist es schon im April ziemlich warm.
Im Mai ist es aber wärmer.
Und im Sommer ist es am wärmsten.

Mein Bruder ist ziemlich jung – nur 19 Jahre alt.
Meine Schwester ist noch jünger. Sie ist 17 Jahre alt.
Aber ich bin mit 15 Jahren am jüngsten.

A few adjectives, like **gut** and **hoch**, are irregular:

Ich finde, dieses Auto ist gut.
Aber dieses Auto ist noch **besser**.
Ist dieses Auto hier aber nicht **am besten**?

Unser altes Hochhaus war sehr hoch.
Unser neues Hochhaus ist aber viel **höher**.
Und dein Hochhaus ist **am höchsten**.

The adjective **groß** is slightly irregular in that it adds only **-ten** and not **-sten** in the superlative:

Deine Wohnung ist am größten.

Another common word with irregular forms is **gern**:

Ich spiele **gern** Fußball.	*I like playing football.*
Aber ich spiele **lieber** Tennis.	*But I prefer playing tennis.*
Am liebsten spiele ich Golf.	*Most of all I like playing golf.*

Some words, like **teuer** and **dunkel**, often lose one **e** in the comparative form:

Mein Haus war ziemlich teuer. Dein Haus war aber viel **teurer**.
Unser altes Haus war etwas dunkel. Unser neues Haus ist aber viel **dunkler**.

Note that the equivalent of the English **than** is **als**:

Auf dem Land ist es grüner **als** in der Stadt.

For the English equivalent of *not so … as* German uses **nicht so … wie**:

Auf den Kanarischen Inseln ist es im Winter **nicht so** kalt **wie** in Deutschland.

Dative case

In this **Lektion** you have seen more examples of the dative case in use. Here as a handy reference is a summary of dative endings for:

1 definite article (**der, die, das**)
2 indefinite article (**ein, eine, ein**)
3 possessive adjectives (**mein, dein, sein**, etc.) and **kein** (which follows the same pattern)

	1	2	3	Examples
Masc. **em**	dem	einem	meinem deinem keinem	Wir fahren mit dem Bus. Der Biergarten ist in einem Park. Wann fährst du zu deinem Sohn?
Fem. **er**	der	einer	meiner deiner keiner	Fährst du mit der Bahn? Sie wohnt in einer Altbauwohnung. Ich wohne bei meiner Mutter.
Neut. **em**	dem	einem	meinem deinem keinem	Ich fahre oft mit dem Fahrrad. Man kann in keinem Hotel hier gut essen. Wie viele Leute wohnen in Ihrem Haus?
Plural **en**	den		meinen deinen keinen	Wir fahren mit den Kindern nach Italien. Wir essen oft in Restaurants. Er fährt zu seinen Eltern. In den ostdeutschen Ländern gibt es viele leere Wohnungen.

Don't forget that in the dative plural most nouns add **-n** to their plural form, unless they already end in an **-n** or **-s**: In allen Ländern findet man Touristen.

Mehr Übungen ...

1   Komparativ und Superlativ. Ergänzen Sie.

	Komparativ	**Superlativ**
Beispiel		
groß	größer	am größten
a) klein	kleiner	_____ _____ ?
b) _____ ?	besser	_____ _____ ?
c) billig	_____ ?	_____ _____ ?
d) _____ ?	höher	am höchsten
e) weit	_____ ?	am weitesten
f) _____ ?	wärmer	_____ _____ ?

2   Lesen Sie die Inserate und beantworten Sie die Fragen.

Here are four adverts giving details about flats in Hamburg. Read the adverts and then answer the questions below.

Wohnung 1

Hamburg-Zentrum,
2 Zimmer, Küche, Bad, Balkon,
schöne Altbauwohnung, zentrale
Lage, 88m².
Miete: €975 + Nebenkosten.

Wohnung 2

Hamburg-Eimsbüttel,
Neubau, 3 Zimmer, Küche, 2
Badezimmer, 120m², ruhige Lage,
nicht weit vom Park entfernt.
Miete: €1400 + Nebenkosten.

Wohnung 3

Hamburg-Nord,
1-Zimmer-Wohnung, Küche, Bad,
gute Verkehrsanbindung zum
Zentrum, gute Einkaufsmöglichkeiten,
50m².
Miete: €480 + Nebenkosten.

Wohnung 4

Hamburg-HafenCity,
super-modernes 1-Zimmer-
Apartment, mit allem Komfort, Blick
auf den Hafen, Bars und Restaurants
in der Nähe, 42m².
Nur €1150 + Nebenkosten.

Welche Wohnung
a) ist am billigsten?
b) liegt (wahrscheinlich) am ruhigsten?
c) liegt am zentralsten?
d) ist (wahrscheinlich) am ältesten?
e) ist am teuersten?
f) ist am größten?
g) ist am modernsten?
h) ist am kleinsten?

3 Der Dativ. Ergänzen Sie.

Benutzen Sie:
zur – im – einem – vom – zur – der – im – dem

Wir wohnen seit zwei Monaten in _____ modernen Hochhaus. Wir haben eine
große Wohnung _____ zehnten Stock. Die Wohnung liegt nicht weit _____
Stadtpark und es gibt auch einen guten Supermarkt in _____ Nähe. Die
Verkehrsverbindungen sind sehr gut, denn bis _____ U-Bahn sind es nur drei
Minuten und _____ Sommer kann ich mit _____ Fahrrad _____ Arbeit fahren.

4 Ferienaustausch
   Holiday exchange

Eine deutsche Familie aus Hamburg möchte im Sommer einen
Wohnungsaustausch machen. Schreiben Sie eine E-Mail an Frau Löschmann und
beschreiben Sie Ihre Wohnung.

Frau Löschmanns Fragen:
a) Wo liegt Ihre Wohnung? Zentral? Außerhalb?
b) Liegt sie ruhig, oder nicht so ruhig?
c) Wie weit ist es bis zum Supermarkt?
d) Wie sind die Verkehrsverbindungen?
e) Wie viele Schlafzimmer hat die Wohnung?
f) Und wie viele Badezimmer?
g) Ist die Küche groß oder ziemlich klein?
h) Haben Sie einen Fernseher? Wenn ja, kann
    man auch deutsche Programme bekommen?
i) Haben Sie einen Garten oder einen Balkon?
j) Gibt es einen Park in der Nähe?

Geben Sie weitere Informationen, wenn Sie
möchten!

> Liebe Frau Löschmann,
>
> ich danke Ihnen für Ihre E-Mail.
> Ich bin gerne bereit, Ihre Fragen
> zu beantworten.
>
> Meine Wohnung liegt _____, usw.
>
> Mit freundlichen Grüßen
>
> Ihr/Ihre _____

V O K A B E L N

der Austausch	*swap, exchange*
bereit	*ready, prepared*

Now you have completed Lektion 9, can you:

tick

1 talk about different types of housing and locations?   ☐
   See pages 162–9.

2 make comparisons?   ☐
   See pages 168–75.

3 discuss the pros and cons of living in a city / in the countryside?   ☐
   See pages 170–2.

4 compare and contrast the price and location of various hotels?   ☐
   See pages 173–5.

Checkliste

Was haben Sie gelernt?

WOHNUNGEN UND HÄUSER	Flats and houses
die Altbauwohnung (-en)	apartment in an old building
das Einfamilienhaus (¨er)	detached family house
das Hochhaus (¨er)	tower block
das Reihenhaus (¨er)	terraced house
das Studentenwohnheim (-e)	student residence
die Wohngemeinschaft (-en)	lit: commune; group sharing a flat
die Wohnung (-en)	flat
das Zweifamilienhaus (¨er)	two family house
die Miete (-n)	rent
die Nebenkosten	bills
die Zentralheizung (-en)	central heating

ZIMMER	Rooms
der Arbeitsraum (¨e)	study
das Badezimmer (-)	bathroom
der Balkon (-s/-e)	balcony
der Flur (-e)	corridor/hall
der Keller (-)	cellar
das Kinderzimmer (-)	children's room
die Küche (-n)	kitchen
das Schlafzimmer (-)	bedroom
das Wohnzimmer (-)	living room

MÖBEL	Furniture
das Bett (-en)	bed
das Bild (-er)	picture
der Kühlschrank (¨e)	refrigerator
das Regal (-e)	shelves
der Sessel (-)	armchair
der Schrank (¨e)	cupboard
das Sofa (-s)	sofa
der Tisch (-e)	table

ANDERE NOMEN	
der Berg (-e)	mountain
der Fluss (¨e)	river
die Luft (¨e)	air
die Entscheidung (-en)	decision

NÜTZLICHE, KLEINE WÖRTER	Useful small words
relativ	relatively
total	totally
ziemlich	quite, fairly

ADJEKTIVE	Adjectives
dunkel	dark
friedlich	peaceful
grün	green
hektisch	hectic
hell	light, bright
komfortabel	comfortable
kosmopolitisch	cosmopolitan
offen	open
ruhig	quiet
zentral	central
außerhalb	outside

VERBEN	Verbs
mieten	to rent
teilen	to share

Ist Mode wichtig für Sie?

A | Mode

Ist Mode wichtig für Sie?

Lesen und Lernen.

- ● Describing items of personal appearance
- ● Saying what clothes you like wearing
- ● Discussing appropriate clothes and gifts
- ● Offering help and advice

- ■ Adjectival endings 2
- ■ Direct and indirect objects
- ■ Personal pronouns in the dative
- ■ The dative case (summary)

Jedes Jahr gibt es etwas Neues. Dieses Jahr kurze Röcke, nächstes Jahr lange Röcke. Die Leute sollen immer etwas Neues kaufen. Ich ziehe nur an, was ich mag. Am liebsten trage ich bequeme Sachen.

Bettina Haferkamp, 52, Lehrerin

Ich finde, Mode ist ein wichtiger Ausdruck unserer Zeit. Sie zeigt, was Leute denken und fühlen. Heute kann man doch anziehen, was man möchte. Das finde ich gut.

Johann Kurz, 42, Journalist

Ich bin ein individueller Mensch. Ich kleide mich so, wie ich Lust habe. Schwarze Sachen finde ich am besten. Ich kaufe viel auf dem Flohmarkt oder in Secondhandshops ein. Modetrends finde ich langweilig.

Boris Brecht, 23, Student

Mode bedeutet viel für mich. Ich bin ein sportlicher Typ und trage gern schöne Sachen. Ich möchte gut aussehen. Eine modische Frisur, ein modernes Outfit – das ist sehr wichtig für mich.

Ulrike Maziere, 22, Sportpsychologin

Ist Mode wichtig (✔) oder unwichtig (✘)?

	✔	✘
Bettina Haferkamp	☐	☐
Johann Kurz	☐	☐
Boris Brecht	☐	☐
Ulrike Maziere	☐	☐

VOKABELN

an|ziehen	*to put on*
tragen	*to wear*
bequem	*comfortable*
sich kleiden	*to dress (oneself)*
Lust haben	*to want*
sportlich	*smart, but casual (here)*
aus|sehen	*to look, appear*
die Frisur	*hairstyle*

ÜBUNG 3

Wer sagt das? Wie steht das im Text?

Can you find in the four short statements the expressions which convey a similar meaning?

Beispiel

Ich bin sportlich. → Ich bin ein sportlicher Typ.

a) Mode zeigt, was Leute denken.
b) Die Leute sollen mehr Geld ausgeben.
c) Schwarz finde ich am besten.
d) Ich trage nur, was ich mag.
e) Mode ist sehr wichtig.

etwas Neues

If you want to say *something new, something cheap*, etc., you use
etwas + adjective + **es**.

e.g. etwas Neues, etwas Billiges

Note that you need a capital letter for the word after **etwas**.

ÜBUNG 4

Was sagen die Leute pro Mode und contra Mode?

Beispiele

pro +	contra –
Mode ist ein Ausdruck unserer Zeit.	Die Leute sollen immer mehr kaufen.
_____	_____
_____	_____
_____	_____

Und wie ist Ihre Meinung?

Was denken Sie über Mode?

Adjektivendungen – Nominativ

Adjective endings in German are a bit more complicated than in English. So far you have dealt with the endings in the accusative after **ein**, **kein**, **dein**, *etc.:*

Masculine	Werner hat einen mechanisch**en** Wecker gekauft.	**en**
Feminine	Renate hat eine alt**e** Platte gekauft.	**e**
Neuter	Annett hat ein neu**es** Hemd gekauft.	**es**

This is what happens to the endings in the nominative case when you use **sein** *(to be).*

Masculine	Das ist ein billig**er** Rock.	**er**
Feminine	Das ist eine modisch**e** Frisur.	**e**
Neuter	Das ist ein modern**es** Outfit.	**es**

As you can see, these endings are the same as for the accusative, except for the masculine nouns.

In the plural, when there is no article, the ending on the adjective is the same for both the nominative and the accusative:

Nominative	Das sind toll**e** Sachen!	**e**
Accusative	Ihr habt toll**e** Sachen auf dem Flohmarkt gekauft.	**e**

Reminder: endings are only required when the adjective goes in front of a noun.

ÜBUNG 5

Üben Sie die Adjektivendungen.

Beispiel
Die Idee ist gut. ➔ Das ist eine gute Idee.

a) Der Film war langweilig.
b) Der Kaffee ist stark.
c) Das Buch ist interessant.
d) Das Problem ist schwierig.
e) Der Computer ist neu.
f) Die Leute sind unfreundlich.

ÜBUNG 6

2.22

Frau Martens ist Verkäuferin in einem Kaufhaus.

Was denkt sie über Mode?
Hören Sie, was sie sagt.
Welche Antworten stimmen?

a) Sie sagt, Verkäuferin ist ein interessanter / anstrengender Beruf.
b) Sie findet, sie ist ein modischer / kein modischer Typ.
c) Die Töchter von Frau Martens finden Modetrends wichtig / unwichtig.
d) Kunden sind immer freundlich / manchmal unfreundlich / oft unfreundlich.

B | Was tragen die Leute?

ÜBUNG

7

Wer trägt was?

Study the picture for 30 seconds. Cover this page so that the pictures are now hidden from you and try the questions opposite.

blau   rot   grün   braun

gelb   schwarz   weiß   grau

die Bluse

die Krawatte

das Hemd

die Jacke

der Gürtel

der Mantel

die Mütze

das T-Shirt

der Rock

die Hose

Berlin ist toll!

die Strumpfhose

die Schuhe

die Jeans

die Turnschuhe

Arbeiten Sie mit einem Partner.
Stimmt das? Korrigieren Sie die falschen Sätze.

a) Der Mann trägt einen dunkelbraunen Anzug und eine gelbe Krawatte.
b) Außerdem trägt er ein weißes Hemd, einen grauen Mantel und schwarze Schuhe.
c) Die Frau trägt eine gelbe Bluse und eine braune Jacke.
d) Außerdem hat sie einen blauen Rock, eine weiße Strumpfhose und weiße Schuhe an.
e) Das Mädchen trägt eine blaue Jeans, ein weißes T-Shirt, eine rote Baseballmütze und weiße Turnschuhe.
f) Der Junge trägt eine blaue Jeans, ein gelbes T-Shirt, eine grüne Baseballmütze und grüne Turnschuhe.

Sehen Sie jetzt die Bilder noch einmal an und überprüfen Sie Ihre Antworten.

> ### NÜTZLICHE AUSDRÜCKE
> **Hose, Jeans**
> *Note that in English both trousers and jeans are plural, but in German* **Hose** *and* **Jeans** *are usually singular:*
>
> Ich habe heute eine neue Hose gekauft.
> Wo ist meine alte Jeans?
> Sie trägt eine Strumpfhose.

ÜBUNG
8

Lesen und Lernen. So sagt man es eleganter:

	einem grauen Mantel.
Er trägt einen dunkelblauen Anzug mit	einer roten Krawatte.
	einem weißen Hemd.
	schwarzen Schuhen.

Adjektivendungen – Dativ

As you know, certain words, like **mit** *and* **von** *are followed by the dative case. Here are the adjective endings you need for the dative:*

Masculine	Werner trägt ein weißes Hemd mit einem schwarz**en** Anzug.	**en**
Feminine	Anna trägt einen braunen Rock mit einer gelb**en** Bluse.	**en**
Neuter	Florian trägt eine rote Jacke mit einem blau**en** Hemd.	**en**

In the dative plural you add -**(e)n** *not just to the adjective, but also to the noun, if possible.*

Er trägt einen schwarzen Anzug mit schwarz**en** Schuhen.   **en**

If you are listing a number of items, then the preposition determines the case not only of the first item but also of the following items as well:

Martin trägt ein blaues Hemd mit einer dunkelblau**en** Hose, einem schwarz**en** Mantel und schwarz**en** Schuhen.

As you can see, in this example all three items listed after **mit** *are in the dative case.*

Wie heißt es richtig?

Ergänzen Sie.

a) Die Frau trägt eine gelbe Bluse mit einer
   dunkelbraun... Jacke und ein... braun... Rock.

b) Außerdem trägt sie braune Strümpfe mit braun..
   Schuh... .

c) Das Mädchen trägt eine blaue Jeans mit ein... weiß...
   T-Shirt, ein... rot... Baseballmütze und weiß...
   Turnschuh... .

d) Der Junge trägt eine schwarze Jeans mit ein... grün...
   T-Shirt, ein... gelb... Baseballmütze und gelb...
   Turnschuh... .

e) Der Mann trägt einen dunkelblauen Anzug mit ein...
   rot... Krawatte.

f) Außerdem trägt er ein weißes Hemd mit ein... grau...
   Mantel und schwarz... Schuh... .

Wer ist das?

Beschreiben Sie zwei oder mehr Studenten in der Klasse.
Lesen Sie Ihre Texte. Wer ist das?

Beispiel
Diese Person trägt eine blaue Jeans mit einem gelben
T-Shirt und einer schwarzen Jacke. Außerdem hat sie
schwarze Schuhe mit roten Socken an.

> **TIPP**
> **Die Person → sie**
> *can refer to a male as well*
> *as a female person.*

Finden Sie den Dativ!

There are four examples of the dative in this
advertisement – three in the singular and
one in the plural. What are they?

V O K A B E L N

der Druckknopfverschluss	snap fastener, press stud
der Schritt	crotch
die Baumwolle	cotton
das Schnäppchen	bargain

NECKERMANN
o n l i n e

Warenkorb

Kennen Sie schon unsere aktuellen Sonderangebote in dieser Woche?

Body in 5 tollen Farben mit modischem Zipper. Druckknopfverschluß im Schritt

• Material: 95% Baumwolle, 5% Elasthan

bisher 25 Euro
Schnäppchenpreis 15 Euro
Sie sparen bis zu 40%
Farbe: Schwarz (01), weiß (09), grün (35), gelb (45), orange (55)
Grösse: Gr.0 (32/34), Gr.1 (36/38), Gr.2 (40/42), Gr.3 (44/46)

www.neckermann.de

ÜBUNG
12

Guter Geschmack, schlechter Geschmack

Lesen und Lernen

V O K A B E L N

feiern	*to celebrate*
der Knoblauch	*garlic*
hässlich	*ugly*

Einladung zur

BAD-TASTE-PARTY

Liebe Freunde,

wie jedes Jahr feiern wir diesen Juni wieder unsere Geburtstage mit einer großen
PARTY. Und wie jedes Jahr haben wir auch ein besonderes Motto! Nein, dieses Mal
ist es nicht Dracula, wie im letzten Jahr. War das nicht fantastisch? All der
Tomatenketschup und der viele Knoblauch?

Das Motto für dieses Jahr heißt: **Bad-Taste**. Wer kein Englisch kann: Das bedeutet
„schlechter Geschmack". Also – holt die alten Hemden, Blusen, Röcke,
Sonnenbrillen aus dem Schrank. Je hässlicher, schrecklicher, älter – desto besser.

Und wir haben auch einen tollen Preis für die Person, die am schlechtesten, am
hässlichsten aussieht.

Also – seid kreativ!
Und natürlich gibt es wie immer auch tolle Musik zum Tanzen.

Also, bis zum 24.
Jutta und Christian

PS: Bringt etwas zum Trinken mit! Dosen-Bier von Aldi, Lambrusco,
Liebfrauenmilch oder Moët Chandon?

ÜBUNG
13

Richtig oder falsch?

Wie heißen die richtigen Antworten?

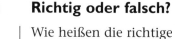

	Richtig	Falsch
a) Jutta und Christian machen jeden Monat eine Party.	☐	☐
b) Das Motto für die letzte Party war Dracula.	☐	☐
c) „Bad taste" heißt auf Deutsch „schlechter Geschmack".	☐	☐
d) Die Person, die am schönsten aussieht, bekommt einen Preis.	☐	☐
e) Die Gäste bringen etwas zum Essen mit.	☐	☐

Helfen Sie den Leuten.

Was können die Gäste für eine Bad-Taste-Party anziehen?

Beispiel:
Man kann eine alte grüne Hose mit einem braunen Hemd und einer gelben Krawatte tragen.

Lesen Sie Ihre Texte: Welche sind am kreativsten?

NÜTZLICHE AUSDRÜCKE	
Bei der Arbeit …	trage ich meistens einen Rock mit einer Bluse, einen Anzug, ein weißes Hemd, usw.
Bei der Arbeit muss ich …	eine grüne / blaue Uniform tragen.
An der Universität …	trage ich gern eine Jeans mit einem weißen Hemd / einem dunklen Pullover.
Zu Hause …	trage ich am liebsten bequeme Kleidung.
Ich mag …	helle, dunkle Farben, bequeme Kleidung.
Ich trage nicht gern …	Jeans, Röcke, Blusen, Krawatten, usw.

2.23–2.25

Was für Kleidung tragen die Leute?

Richard Naumann stellt die Fragen. Hören Sie zu und ergänzen Sie die Tabelle.

	bei der Arbeit, an der Uni	zu Hause	was sie gern tragen	was sie nicht gern anziehen
Mareike Brauer				
Günther Scholz				
Beate Strittmayer				

Fragen	Ihr Partner	Sie
Was tragen Sie normalerweise bei der Arbeit / an der Universität?		
Was tragen Sie am liebsten zu Hause? Was tragen Sie gern, was tragen Sie nicht gern?		
Haben Sie eine Lieblingsfarbe? Ist Mode wichtig für Sie?		
Sie gehen zu einer Bad-Taste-Party. Was ziehen Sie an?		

C | Feiern und Partys

ÜBUNG **17**

Einladungen

Lesen Sie die Einladungen auf Seite 189
und Seite 190 und finden Sie
die deutschen Wörter für:

a) house-warming party
b) birthday party
c) barbecue
d) wedding

Susanne Fröhlich
Michael Hartmann

❦

Wir heiraten am Samstag, dem 8. Mai, um 14.30 Uhr
in der Elisabethkirche, Marburg.

Zu unserer Hochzeit laden wir euch herzlichst ein.

Ahornweg 31
35043 Marburg

Hauptstraße 48
35683 Dillenburg

**Zum Ende des Sommersemesters
noch mal richtig Power:**

Samba, Salsa

und mehr

Mit den DJs Carsten C. Bellafonte
und Lolita Motana

Am 26.6. von 21.00 Uhr
bis zum frühen Morgen
in der Uni-Kantine, Hegelweg 2

Eintritt:
4 € für Studenten, 6 € für alle Anderen
Cocktails ab 5 €

Peter wird nächsten Samstag 8 Jahre alt.

Das wollen wir natürlich feiern
mit einer ganz tollen
Geburtstagsparty,
mit Kuchen und vielen Spielen.

Wir fangen um 15.00 Uhr an.
Bringt auch eure Eltern mit.

Die Adresse:
Familie Schöfer, Am Bergkampe 4

Lange haben wir gesucht und endlich unser
„Schloss" gefunden. Darum möchten wir euch, liebe
Bärbel, lieber Georg zu unserer

HAUSEINWEIHUNGSFEIER

am 30. November um 20.00 Uhr einladen.

Unsere neue Adresse: 90482 Nürnberg, Waldstraße 25.
Unsere neue Telefonnummer: 378459

Viele Grüße

Uschi und Matthias Hasenberg

Mareike und Jörg Schwichter
Krummer Weg 12
24939 Flensburg
Tel. 55 32 17

Flensburg, 2.9.

Liebe Susanne, lieber Gerd,

bevor der Winter kommt, wollen wir noch einmal eine Grillparty in unserem Garten machen. Der Termin: der letzte Samstag im Monat, der 27. September, ab 19.00 Uhr. Könnt ihr kommen?

Natürlich gibt es nicht nur Fleisch, sondern wir haben auch Essen für Vegetarier. Bringt doch bitte einen Salat mit. Alles andere haben wir.

Alles Gute
Eure Schwichters

PS. Wie war es denn in Spanien? Habt ihr viel Spaß gehabt?

VOKABELN

die Feier (-n)	celebration
ein|laden	to invite
heiraten	to marry

Und jetzt Sie. Schreiben Sie eine Einladung wie in Übung 17. Lesen Sie dann die Texte in der Klasse und zeigen Sie Ihre Einladungen.

Deutschland-Info

FEIERN

Special occasions are generally celebrated with enthusiasm in Germany. Families make great efforts to get together for birthdays; some people travel long distances to be present.

Weihnachten (*Christmas*) is celebrated with Christmas trees, cards and gifts and a visit from Santa Claus. Christmas markets throughout Germany provide decorations, food and drink. The **Christkindlmarkt** in Nuremberg is perhaps the most famous of these markets.

Silvester (*New Year's Eve*) is celebrated with fireworks and **Sekt** (a champagne-like fizzy wine). New Year's Day is a public holiday in Germany – some people need this in order to get over their **Kater** (*hangover*).

The period before Lent is celebrated in Germany – especially in the Catholic areas – as **Karneval** (in the Rheinland), **Fastnacht** (around Mainz) and **Fasching** (in Bavaria). People wear disguises and fancy-dress costumes and generally let go their inhibitions. The main parties and processions take place on **Rosenmontag**, the Monday before Shrove Tuesday and Ash Wednesday.

Was kann man schenken? Lesen und Lernen.

Sie bringt Blumen mit.
Sie bringt der Frau Blumen mit.
Sie bringt ihr Blumen mit.

Er schenkt eine Flasche Kognak.
Er schenkt dem Mann eine Flasche
Kognak.
Er schenkt ihm eine Flasche Kognak.

Sie schenken einen Luftballon.
Sie schenken dem Kind einen Luftballon.
Sie schenken ihm einen Luftballon.

Sie haben ein Poster
mitgebracht.
Sie haben den Leuten ein
Musik-Poster mitgebracht.
Sie schenken ihnen ein
Musik-Poster.

ihm, ihr, ihnen
When do you use which?

ÜBUNG 19

Ihr, ihm oder ihnen?

a) Beate hat Geburtstag. Marcus schenkt ___ eine CD.
b) Frank macht eine Party. Susi bringt ___ eine Flasche Sekt mit.
c) Steffi und Caroline haben Hunger. Ihre Mutter kauft ___ Pommes frites.
d) Svenja fährt nach Österreich. Ihr Bruder gibt ___ einen guten Reiseführer.
e) Christina und Robert heiraten. Herr Standke schenkt ___ einen neuen MP3-Player.
f) Herr Fabian wird 65. Seine Kollegen haben ___ eine Geburtstagskarte geschrieben.

More on the dative

You already know that the dative case is used after words like **mit** *and* **von***. It is also used after many verbs to indicate to whom something is being given or done.*
(See Grammar section Direct and indirect objects.*)*

Nouns
Masc.   Er schenkt **dem Mann** eine Flasche Kognak.
Fem.   Sie bringt **der Frau** Blumen mit.
Neut.   Er gibt **dem Kind** einen Luftballon.
Plur.   Sie haben **den Leuten** ein Poster mitgebracht.

Pronouns
Masc.   Er schenkt **ihm** eine Flasche Kognak.
Fem.   Sie bringt **ihr** Blumen mit.
Neut.   Er gibt **ihm** einen Luftballon.
Plur.   Sie haben **ihnen** ein Poster mitgebracht.

ÜBUNG 20

2.26

Was bringen wir der Familie mit?

Saskja und ihre Schwester Sys waren für zwei Wochen in New York. Morgen fahren Sie nach Deutschland zurück. Große Panik: Sie müssen noch Geschenke für ihre Familie kaufen!

Hören Sie: Was schenken sie ihrer Mutter, ihrem Vater, der Großmutter, Tante Heide und Onkel Georg? Warum?

V O K A B E L N

| aufregend | exciting |
| sammeln | to collect |

Wem?	Was bringen sie mit?	Warum?
Mutter	Sie bringen ihr eine CD von Frank Sinatra mit.	Sie ist ein großer Fan von Sinatra.
Vater	Sie bringen ihm ...	_____ ?
Oma	_____ ?	_____ ?
Tante Heidi	_____ ?	_____ ?
Onkel Georg	_____ ?	_____ ?

ÜBUNG 21

2.26

Hören Sie noch einmal zu!
Was sagen sie (✔), was sagen sie nicht (✘)?

	✔	✘
a) New York ist langweiliger als Wuppertal.	☐	☐
b) Vati sieht gern Baseballspiele im Fernsehen.	☐	☐
c) Oma hat gesagt, sie möchte eine CD von Frank Sinatra.	☐	☐
d) Nike-Turnschuhe sind in Amerika viel teurer als in Europa.	☐	☐
e) Onkel Georg sammelt U-Bahn-Fahrkarten.	☐	☐
f) Vergiss nicht die Einkaufsliste mitzunehmen!	☐	☐

D | Können Sie mir etwas empfehlen?

ÜBUNG 22

Ausdrücke mit dem Dativ
Lesen und Lernen

Können Sie mir helfen?	*Can you help me?*
Können Sie mir sagen, wie spät es ist?	*Can you tell me, what the time is?*
Könnten Sie mir etwas empfehlen?	*Could you recommend me something?*
Gefällt Ihnen / dir das T-Shirt?	*Do you like the T-shirt?*
Gefallen Ihnen / dir die Hemden?	*Do you like the shirts?*
Wie geht es Ihnen / dir?	*How are you?*

NÜTZLICHE AUSDRÜCKE

All these expressions have one thing in common – they all require the dative after the verb. In some of these expressions, it is clear that the dative expresses the meaning of the English to:

Können Sie mir sagen, wie spät es ist?	*Can you say to me (i.e. tell me) ....?*
Können Sie mir etwas empfehlen?	*Can you recommend something to me?*

In other expressions this is less clear:

Können Sie mir helfen?	*Can you help me? (give help to me)*
Gefällt dir das T-Shirt?	*Do you like the T-shirt? (Is it pleasing to you?)*
Gefallen Ihnen die Hemden?	*Do you like the shirts? (Are they pleasing to you?)*
Wie geht es Ihnen?	*How are you? (How goes it to you?)*

Was passt zusammen?

a) Können Sie mir helfen?
b) Gefällt Ihnen das Hotel?
c) Können Sie mir ein Buch für meine Tochter empfehlen?
d) Gefällt dir Berlin?
e) Wie geht es Frau Hansen?
f) Können Sie mir sagen, wie spät es ist?
g) Wie geht es Sven?
h) Gefallen dir die Bilder?

1 Es gefällt mir nicht. Es ist zu teuer.
2 Ihm geht es nicht so gut.
3 Die gefallen mir nicht. Die sind schrecklich.
4 Natürlich helfe ich Ihnen.
5 Das kann ich Ihnen sagen, fünf nach vier.
6 Es ist eine tolle Stadt.
7 Ihr geht es wieder besser.
8 Ich empfehle Ihnen „Harry Potter".

In der Parfümerie

Hören Sie zu, bitte.

a) Wem möchte Herr Kern etwas schenken?
b) Wie teuer sind die Parfüms?
c) Gefallen sie ihm?
d) Was sagt die Verkäuferin am Schluss?

Lesen Sie dann bitte den Text:

Herr Kern   Guten Tag. Können Sie mir helfen?
Verkäuferin   Ja, natürlich.
Herr Kern   Ich suche ein schönes Parfüm für meine Frau. Können Sie mir etwas empfehlen?
Verkäuferin   Ja, natürlich. Hier haben wir zum Beispiel „Ägyptischer Mond" für 140 € oder „Parfüm Lola" für 160 €.
Herr Kern   Welches ist denn am besten?
Verkäuferin   Nun, „Ägyptischer Mond" ist ein bisschen süßlicher. Möchten Sie es ausprobieren?
Herr Kern   Ja, gerne.
Verkäuferin   Gefällt es Ihnen?
Herr Kern   Mmh, es ist vielleicht ein bisschen zu süß.
Verkäuferin   Und „Parfüm Lola"? Gefällt Ihnen das?
Herr Kern   Mmh, da ist ein wenig zu intensiv. Es tut mir leid, aber beide gefallen mir nicht. Haben Sie nicht auch 4711?
Verkäuferin   Das tut mir leid. Da müssen Sie ins Kaufhaus gehen.

ÜBUNG

25

Was stimmt hier nicht?

Korrigieren Sie:

a) Herr Kern möchte seiner Freundin ein Parfüm schenken.

b) Die Verkäuferin empfiehlt ihm „Ägyptischer Mond" und „Parfüm Erika".

c) „Ägyptischer Mond" kostet 15,80 Euro.

d) Ihm gefallen beide Parfüms.

e) 4711 kann man auch in der Parfümerie kaufen.

JOOP! HOMME
VON WOLFGANG JOOP
EAU DE TOILETTE
NATURAL SPRAY
30 ML
nur 32,75 EURO

TIPPS ZUR AUSSPRACHE

2.28

At the end of a word in German the letter **g** *is pronounced more like an English k:*

Tag   Ausflug   Anzug   mag

At the end of a word **ig** *is pronounced like* ich:

billig   ruhig   zwanzig   langweilig   Honig

As soon as the **g** *is no longer at the end of the word or syllable it is pronounced as an English g:*

Tage   Ausflüge   Anzüge   mögen

☺ *How would you pronounce these words:* sag, sagen, fünfzig, Tage, ledig.

ÜBUNG
26

Im Kaufhaus

Ordnen Sie bitte zu.
Was sagt die Kundin?

a

Kann ich
Ihnen helfen?

b

Ja, wie alt
ist er denn?

c

Gefällt Ihnen
dieses T-Shirt?

d

Gefällt Ihnen
das besser?

e

Na, das ist
schön.

f

19,95 Euro.

g

Ja, bitte zahlen
Sie an der Kasse.
Da vorne rechts.

Kasse

h

Auf
Wiedersehen.

1 Ja, das gefällt mir. Das ist besser.
2 Auf Wiedersehen.
3 Und was kostet es?
4 Ja, gerne. Ich suche ein T-Shirt für
   meinen Enkelsohn.
5 Gut, das nehme ich dann.
6 Vorne rechts. Aha. Vielen Dank.
7 Mmh, das ist ein bisschen langweilig.
   Haben Sie nicht etwas Modernes?
8 Acht Jahre. Können Sie mir etwas
   empfehlen?

ÜBUNG
27

2.29

Hören Sie den Text. Hatten Sie recht?

Spielen Sie dann den Dialog.

Grammatik

etwas, was / alles, was

To say *something that* or *everything that* in German, you need the words **etwas** + **was** and **alles** + **was**:

Beispiel

Gibt es etwas, was Sie nicht gerne anziehen? *Is there something that you don't like wearing?*

Ich trage alles, was bequem ist. *I wear everything that is comfortable.*

Sometimes you can leave out the word *that* in English – *Is there something you don't like wearing?* In German you always have to keep the word **was**.

Note that there is a comma before the word **was**.

Adjective endings

Here is a summary of the adjective endings that you have met in recent Lektionen:

	Masculine	Feminine	Neuter	Plural
Nominative	Das ist ein teur**er** Mantel.	Das ist eine gut**e** Idee.	Ist das ein neu**es** Hemd?	Das sind toll**e** Sachen.
Accusative	Er hat einen teur**en** Mantel.	Ich habe eine gut**e** Idee.	Hast du ein neu**es** Hemd?	Ihr habt toll**e** Sachen.
Dative	... mit einem schwarz**en** Mantel	... mit einer gelb**en** Bluse	... mit einem neu**en** Hemd	... mit schwarz**en** Schuhen

The dative case

Here is a summary of the three main uses of the dative case:

1 **After certain prepositions**
   a) **in, auf**, etc. when the focus is on position or location.
      Wir haben auf **dem** Markt ein interessantes Buch gekauft.
   b) always after **mit, von, zu**, etc.
      Ich fahre immer mit **dem** Fahrrad **zur** Schule.

2 **To indicate *to whom* something is being given, done, etc.**
   Meinem Freund schenke ich einen neuen CD-Spieler zum Geburtstag.

(See also section on *Direct and indirect objects* below.)

3 **After certain verbs**
   Verbs such as **helfen** and **gefallen** are followed by the dative.
   Kann ich **Ihnen** helfen?
   Hat es **dir** gefallen?

Direct and indirect objects

In Lektion 4 you learned that the object of a sentence needs to be in the accusative case:

Beispiel
Frau Semmelbein hat **einen** Hund.

You now need to distinguish between *direct* and *indirect objects*.

In the sentence:
Frau Semmelbein schenkt ihrem Sohn einen Hund.

einen Hund is said to be the *direct object* of the verb **schenken** because it is directly associated with the act of giving, and **ihrem Sohn** is said to be the *indirect object* because it indicates to whom the object was given.

Frau Semmelbein	schenkt	ihrem Sohn	einen Hund.
subject nominative	verb	indirect object – dative	direct object accusative

The direct object or the indirect object can also come in first place:

Einen Hund schenkt Frau Semmelbein ihrem Sohn.
Ihrem Sohn schenkt Frau Semmelbein einen Hund.

The basic meaning of these sentences remains the same: there is merely a change of emphasis. Note that in these examples the verb stays in the same place: as second idea in the sentence.

Personal pronouns in the dative

Here is a summary of the personal pronouns in the dative case:

Singular		Plural	
ich ➜ mir	**Mir** geht's gut.	wir ➜ uns	**Uns** geht's sehr gut.
du ➜ dir	Wie geht's **dir**?	ihr ➜ euch	Wie geht's **euch**?
Sie ➜ Ihnen	Hoffentlich geht's **Ihnen** morgen besser.	Sie ➜ Ihnen	Wir wünschen **Ihnen** allen eine gute Reise.
er ➜ ihm Masc.	Es geht **ihm** heute nicht so gut.		
sie ➜ ihr Fem.	Es geht **ihr** jetzt viel besser.	sie ➜ ihnen	**Ihnen** geht's wirklich sehr gut.
es ➜ ihm Neut.	**Ihm** (dem Kind) geht's leider nicht so gut.		

Mehr Übungen...

1 Endungen. Ergänzen Sie bitte.

   a) *Verkäuferin* Ich arbeite in ein... groß... Kaufhaus in München. Bei d... Arbeit
   trage ich ein... schwarz... Rock und ein... weiß.. Bluse. I... Winter trage ich zu
   mein... schwarz... Rock auch ein... schwarz... Jacke.

   b) *Student* I... Moment arbeite ich bei Burger King und muss ein... häßlich..
   Uniform tragen. An d... Uni trage ich aber immer ein... blau.. Levi-Jeans mit
   ein... modisch.. T-Shirt. Mir gefallen am besten amerikanisch... oder britisch...
   T-Shirts. Alt... Sachen vo... Flohmarkt gefallen mir manchmal auch.

2 Wer bekommt was?
   *Markus is giving up his student flat to study for a year
   in America. Who should he give these things to?*

   TIPP
   der → den im Akkusativ; s.
   auch oben im Grammatik-Teil
   (*Direct and indirect objects*).

   Beispiel
   a) = 4 **Den** MP3-Player schenkt er sein**em** älter**en** Bruder.

   a) der MP3-Player
   b) die Katze
   c) das Buch über englische
      Grammatik
   d) der alte Computer
   e) das Poster von Brad Pitt
   f) der schöne Hibiskus

   1 Seine Freundin mag junge,
     amerikanische Filmstars.
   2 Sein jüngerer Bruder mag
     Computerspiele.
   3 Seine Großmutter mag Tiere.
   4 Sein älterer Bruder mag Musik.
   5 Seine Mutter mag Hauspflanzen.
   6 Sein guter Freund Jörg mag
     Fremdsprachen.

3 Was passt zusammen?

   a) Wie geht es dir?
   b) Wie geht es Herrn Strobek?
   c) Wie geht es Ihnen, Frau Martine?
   d) Wie geht es euch?
   e) Wie geht es Paula?
   f) Wie geht es Jutta und Bernd?

   1 Ihr geht es sehr gut.
   2 Ihnen geht es nicht so besonders gut.
   3 Vielen Dank für Ihre Frage.
     Mir geht es sehr gut.
   4 Ihm geht es ausgezeichnet.
   5 Na ja, es geht. Viel Stress.
   6 Danke, uns geht es gut.

Now you have completed Lektion 10, can you:

tick

1 talk about the importance of fashion?
  See pages 181–2.   ☐

2 say what clothes you wear for work and for relaxing?
  See pages 184–8.   ☐

3 discuss what to give people and why?
  See pages 191–3.   ☐

4 ask for and give help and advice?
  See pages 193–5.   ☐

Checkliste

Was haben Sie gelernt?

NOMEN	Nouns
der Ausdruck (¨e)	expression
die Blume (-n)	flower
der Enkelsohn (¨e)	grandson
die Frisur (-en)	hairstyle
das Geschenk (-e)	present
der Geschmack (¨er)	taste
die Hauseinweihungs-feier (-n)	house-warming party
die Hochzeit (-en)	wedding
die Kasse (-n)	cash desk, checkout
der Knoblauch	garlic
die Kosmetikerin (-nen)	beautician, cosmetician
der Luftballon (-s)	balloon
der Mensch (-en)	person
die Mode (-n)	fashion

ADJEKTIVE	Adjectives
aufregend	exciting
bequem	comfortable
hässlich	ugly
modisch	fashionable
sportlich	casual but smart (here)
stark	strong
süß	sweet
süßlich	on the sweet side

VERBEN	Verbs
an|ziehen	to put on
aus|probieren	to try out
aus|sehen	to look, appear
bedeuten	to mean
empfehlen	to recommend
feiern	to celebrate
fühlen	to feel
gefallen	to be pleasing
helfen	to help
holen	to fetch
jobben	to do casual work
sich kleiden	to dress (oneself)
Lust haben	to want
schenken	to give (as a present)
sammeln	to collect
tragen	to wear

FARBEN	Colours
blau	blue
bunt	colourful
gelb	yellow
grau	grey
grün	green
rot	red
schwarz	black
weiß	white

KLEIDUNG	Clothing
der Anzug (¨e)	suit
die Bluse (-n)	blouse
der Gürtel (-)	belt
das Hemd (-en)	shirt
die Hose (-en)	pair of trousers
die Jacke (-n)	jacket
die Krawatte (-n)	tie
der Mantel (¨)	coat
die Mütze (-n)	cap
der Pullover (-), Pulli (-s)	pullover
der Rock (¨e)	skirt
der Schuh (-e)	shoe
der Strumpf (¨e)	stocking
die Strumpfhose (-n)	tights
das T-Shirt (-s)	T-shirt
der Turnschuh (-e)	trainer

11 | Urlaub, Wetter und Gesundheit

Holidays, weather and health

A | Urlaub

ÜBUNG
1
2.30

Wo waren Sie dieses Jahr im Urlaub?

Vier Leute erzählen, wo sie im Urlaub waren und was sie gemacht haben. Wer sagt was? Hören Sie zu und kreuzen Sie bitte an.

- Talking about past holidays
- Reporting weather conditions
- Discussing health
- Reporting on aches and pains

■ Prepositions and places
■ Modal verbs
■ Wenn clauses

	Herr Schmidt	Frau Bosch	Frau Wagner	Peter Kemper
war in den Bergen				
war auf Mallorca	✗			
hatte kein Geld				
ist an die Ostsee gefahren				
hat einen Job gesucht				✗
hatte schlechtes Wetter				
ist Ski gelaufen				
hat deutsches Bier getrunken				
möchte nächstes Jahr in die Schweiz fahren		✗		
möchte nach New York				
möchte wiederkommen				
möchte in den Süden fliegen				

V O K A B E L N

liegen	*to lie (in the sun, etc.)*
wieder|kommen	*to come again, come back*
der Berg (-e)	*mountain*
die Ostsee	*the Baltic*
der Regen	*rain*
beenden	*to finish*
der Traum (¨e)	*dream*

ÜBUNG 2   Hatten Sie recht? Lesen Sie die Texte.

Herr Schmidt

Meine Frau und ich sind auf Mallorca gewesen, ein richtiger Strandurlaub. Wir haben tagsüber lange in der Sonne gelegen und sind ein bisschen geschwommen. Abends haben wir gut gegessen und sind manchmal in die Hotelbar gegangen. Man konnte auch richtiges deutsches Bier kaufen. Wie zu Hause. Das hat mir gut gefallen. Nächstes Jahr möchte ich wiederkommen.

Frau Bosch

Im Winter mache ich jedes Jahr einen Skiurlaub und fahre in die Berge. Dieses Jahr war ich in Kitzbühl, in Österreich, fantastisch. Der Schnee war gut, die Pisten ausgezeichnet. Ich bin jeden Tag mehrere Stunden Ski gelaufen. Nach dem Urlaub habe ich mich total fit gefühlt. Nächstes Jahr will ich vielleicht mal in die Schweiz fahren.

Herr und Frau Wagner

Dieses Jahr sind wir an die Ostsee gefahren, nach Travemünde. Das Wetter war eine Katastrophe. Wir hatten meistens Regen. Außerdem war es sehr kalt. Und teuer war es auch. Nein, nie wieder an die Ostsee. Nächstes Jahr fliegen wir lieber in den Süden, nach Spanien oder Griechenland.

Nein, dieses Jahr habe ich keinen Urlaub gemacht. Ich habe gerade mein Studium beendet und suche jetzt einen Job. Das ist nicht einfach im Moment. Ich hoffe, nächstes Jahr habe ich mehr Geld. Dann würde ich gern nach New York fliegen. Das ist mein Traum. Ich liebe große Städte. Am liebsten mache ich Städtereisen. Vor zwei Jahren bin ich nach Mexiko-City geflogen.

Peter Kemper

Richtig oder falsch? Wie heißt es richtig?

	Richtig	Falsch
a) Herr Schmidt ist manchmal in die Hotelbar gegangen.	☐	☐
b) Er hat viel spanisches Bier getrunken.	☐	☐
c) Frau Bosch hat einen Skiurlaub in der Schweiz gemacht.	☐	☐
d) Sie hatte guten Schnee.	☐	☐
e) Das Wetter in Travemünde war ausgezeichnet.	☐	☐
f) Peter Kemper ist nach New York geflogen.	☐	☐

Prepositions and places

Städte		Ich fahre **nach** Berlin.	Ich bin **in** Berlin.
Länder		Sie fährt **nach** Frankreich. Aber: Sie fährt **in** die Schweiz / **in** die Türkei. Sie fährt **in** die USA.	Sie ist **in** Frankreich. Aber: Sie ist **in** der Schweiz / **in** der Türkei. Sie ist **in** den USA.
Land		Sie sind **aufs** Land gefahren.	Sie waren **auf** dem Land.
Insel		Sie sind **nach** Mallorca geflogen.	Sie waren **auf** Mallorca.
Meere		Er fährt **ans** Meer / **an** die Ostsee / **an** den Atlantik.	Er war **am** Meer / **an** der Ostsee / **am** Atlantik.
Berge		Sie fahren **in** die Berge. Sie steigen **auf** den Berg.	Sie sind **in** den Bergen. Sie sind **auf** dem Berg.

ÜBUNG **3**

Verben + „Bewegung"

Was passt am besten?

Beispiel
in der Nordsee ➜ schwimmen

a) mit dem Flugzeug   fahren
b) auf den Berg   gehen
c) zu Fuß   fliegen
d) mit dem Auto   steigen
e) im Meer   laufen
f) Ski   schwimmen

TIPP
All the verbs in Übung *3 have something in common: they all indicate movement or motion. When used in the past (the perfect tense) they all require* **sein** *instead of* **haben**. *Furthermore they are all irregular.*
Mehr Informationen? Siehe Lektion 8.

ÜBUNG 4

Wie heißt es im Perfekt?

Üben Sie bitte:

Beispiel
Familie Grothe **ist** mit dem Auto nach Frankreich **gefahren**.

a) Er _____ zu Fuß nach Hause _____.
b) Petra und Ulrike _____ jeden Tag vier Stunden im Meer _____.
c) Frau Müller _____ fast jeden Tag Ski _____.
d) Seppl Dreier _____ auf den Mount Everest _____.
e) Diesmal _____ ich mit der Lufthansa nach London _____.
f) Annette _____ viel mit dem Fahrrad _____.

ÜBUNG 5

2.31

Was haben Sie in Ihrem letzten Urlaub gemacht?

Partner B → Seite 248.

Partner A:
Sie treffen eine alte Freudin/einen alten Freund (Partner B). Partner B fragt Sie, was Sie im Urlaub gemacht haben. Hier ist Ihre Geschichte.

Sie waren in Kairo. Sie sind drei Wochen geblieben. Sie haben in einem 4-Sterne-Hotel gewohnt. Das Wetter war sehr gut. Sie haben die Pyramiden besucht. Sie sind im Nil geschwommen. Dann haben Sie mit einem Krokodil gekämpft. Ein Fernsehteam hat Sie gefilmt.

Sie haben Interviews gegeben. Sie waren ein großer Star. Sie können einen Film in Hollywood machen: Sie spielen im neuen Tarzan-Film.

> **V O K A B E L**
> kämpfen   *to struggle, fight*

Tauschen Sie nun die Rollen:

Fragen Sie nun Partner B:

– Wo waren Sie / warst du im Urlaub?
– Wie lange waren Sie / warst du dort?
– Wo haben Sie / hast du gewohnt?
– Ist etwas Besonderes passiert?
– Hat Ihnen / dir der Urlaub gefallen?
– Wo möchten Sie / möchtest du das nächste Mal Urlaub machen?

ÜBUNG
6

Trend: Kurztrip statt Strandurlaub

Lesen Sie bitte den Text und beantworten Sie dann die
Fragen. Sie brauchen nicht alles zu verstehen.

Von je 100 Befragten, die in den letzten Jahren eine 2- bis 4tägige Städtereise unternommen haben, wählten als Reiseziel:

Paris	19
Berlin	17
München	12
Wien	10
Hamburg	10
London	10
Prag	8
Rom	6
Dresden	6
Amsterdam	5
Venedig	4
Köln	3
Budapest	2
Florenz	2
Kopenhagen	2
Istanbul	2

Lieber häufiger im Jahr für einige Tage wegfahren, als im Urlaub 3 Wochen lang an einem Ferienort bleiben. 22 Millionen Deutsche finden Kurztrips (vor allem Städtereisen mit dem Bus) spannender als eine große Reise. Das Ergebnis einer „Gesamtdeutschen Tourismus-Analyse" zeigt auch: Absoluter Renner bei den Zielen für Wochenend-Trips ist immer noch Paris. Dann folgen Berlin, München, Wien und Hamburg (siehe Grafik li.).

Richtig oder falsch?

	Richtig	Falsch
a) Immer mehr Deutsche machen kurze Urlaube.	☐	☐
b) 22 Millionen finden lange Urlaube besser.	☐	☐
c) Die meisten Kurztrips sind mit dem Bus.	☐	☐
d) Die meisten Städtereisenden fahren nach Paris.	☐	☐
e) Es fahren mehr Leute nach Amsterdam als nach London.	☐	☐

B | Das Wetter

Lesen und Lernen

Die vier Jahreszeiten

Der Frühling   **Der Sommer**   **Der Herbst**   **Der Winter**

Lesen und Lernen

Die Sonne
Die Sonne scheint.
Gestern hat die Sonne
geschienen.

Der Regen
Es regnet.
Letzten Herbst hat es viel
geregnet.

Der Schnee
Es schneit.
Im Winter hat es viel
geschneit.

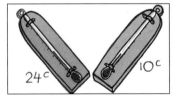

Der Wind
Es ist windig.
Im Herbst war es windig.

Der Nebel
Es ist neblig.
In London war es früher
sehr neblig.

Die Temperatur
Die Temperatur beträgt
24 Grad.
Die Temperatur hat 10
Grad betragen.

9

2.32

Was für Wetter hatten Sie im Urlaub?

Sie hören drei Interviews. Wo waren die Leute im
Urlaub? In welcher Jahreszeit waren sie dort? Wie hoch
waren die Temperaturen? Wie war das Wetter: Hat es
geregnet? Hat die Sonne geschienen? Hat es geschneit?

	wo sie waren	Jahreszeit	Temperaturen	Wetter
Bärbel Specht				
Jutta Weiss				
Gerd Krönke				

Was können Sie noch über die Personen sagen?
Was haben sie noch gemacht?

10

Das Wetter in Europa

*Look at the weather map and
answer the questions on the
next page.*

Nützliche Ausdrücke

Es ist heiter, wolkig,
bedeckt, usw.
Es gibt Schauer,
Gewitter, Schnee, Regen,
Nebel, usw.

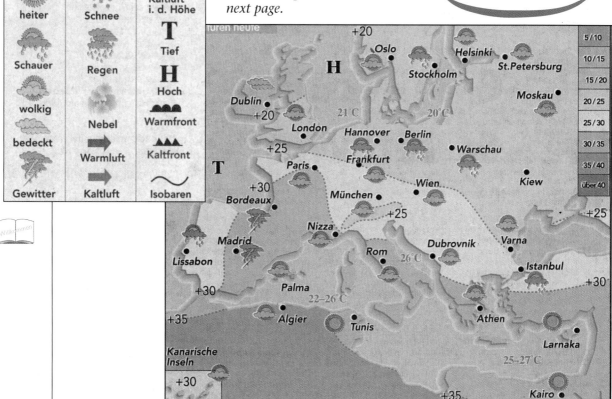

Sehen Sie sich die Wetterkarte an und beantworten Sie die Fragen:

a) Wo ist es wärmer: in London oder in München?
b) Wie hoch sind die Temperaturen in Dublin?
c) Regnet es in Berlin?
d) Regnet es in Wien?
e) Wo gibt es in Europa Gewitter?
f) Wie ist das Wetter in Kairo?

Der Wetterbericht im Radio

V O K A B E L N	
übrig	remaining
das Gebiet (-e)	area, region
die Aussicht (-en)	prospect, outlook

Welche Antwort stimmt?

a) Nachts sind es 8 bis 0 Grad / 8 bis 10 Grad.
b) Tagsüber sind es im Südosten 21 / 22 / 23 Grad.
c) Montag gibt es im Norden und im Osten Wolken und Regen / Wolken, aber keinen Regen.
d) Dienstag gibt es in ganz Deutschland Sonne / Regen.
e) Am Mittwoch ist es schlechter / besser.

C | Leben Sie eigentlich gesund?

Was glauben Sie: Was ist gesund? Was ist ungesund?
Arbeiten Sie mit einem Partner. Ordnen Sie zu.

- viele Hamburger essen
- regelmäßig joggen
- Salate essen
- fernsehen und Kartoffelchips essen
- zweimal in der Woche schwimmen gehen
- ein Glas Rotwein pro Tag trinken
- Fahrrad fahren
- jeden Tag vier Flaschen Bier trinken
- fünf Stunden ohne Pause vor dem Computer sitzen
- lange spazieren gehen

Beispiel

gesund	ungesund
regelmäßig joggen	viele Hamburger essen

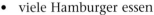

Können Sie mehr Beispiele finden?
Was ist noch gesund und ungesund?

13

„Wenn" – Sätze

Benutzen Sie die Beispiele aus Übung 12.
Machen Sie Sätze mit „wenn".

Beispiele
Ich denke es ist gesund, wenn man
regelmäßig joggt.
Ich finde es ist ungesund, wenn man
viele Hamburger isst.

Schreiben Sie mehr Beispiele.

14

Was denken Sie? Sprechen Sie mit Ihrem
Partner oder in der Klasse.

a) Ist es gut, wenn man manchmal einen
   Schnaps trinkt?

b) Ist es schlecht, wenn man zu viel
   fernsieht?

c) Ist es gesund, wenn man jeden Tag
   eine Stunde ins Fitnesscenter geht?

d) Ist man altmodisch, wenn man kein
   Handy hat?

wenn

Wenn can mean if or when. It sends the verb
to the end of that part of the sentence which
begins with **wenn**:

Ich denke es ist gesund, **wenn** man jeden Tag
joggt.

Note the comma in front of the **wenn**.

wenn can also come at the beginning of a
sentence. Look what happens to the verbs when
this occurs:

Wenn das Wetter schlecht **ist**, **fahre** ich mit
dem Bus zur Arbeit.

In this case the two verbs need to be
separated with a comma.

15

2.34–2.37

Lesen und Lernen

TUN SIE GENUG FÜR IHRE GESUNDHEIT?

Ich treibe viel Sport, spiele Fußball, Handball, ein bisschen Tennis. Ich rauche nicht, trinke sehr wenig Alkohol. Außerdem esse ich gesund, viel Salat und Obst. Ja, ich denke ich tue genug. Ich fühle mich sehr fit und bin nur selten krank. Nächstes Jahr will ich vielleicht einen Fitnessurlaub machen.

LYDIA SCHMIDT-JOYNER

VOKABELN

krank	ill, sick
das Gewicht	weight
das Fett	fat
der Rücken	back
das Tauchen	diving

MICHAEL WARNKE

Ich habe im Moment Rückenprobleme und soll viel schwimmen gehen. Meistens schwimme ich vier- bis fünfmal pro Woche. Früher habe ich oft Volleyball gespielt. Meine Ärztin hat mir gesagt, ich darf nicht mehr Volleyball spielen. Ich darf leider auch nicht mehr Ski fahren. Ich hoffe, es geht mir bald wieder besser, denn ich treibe sehr gerne Sport und will wieder aktiver leben.

EGBERT SCHMIDT-TIZIAN

Ich habe Probleme mit dem Herz und meinem Gewicht. Der Arzt sagt, ich darf nicht mehr rauchen und soll auch weniger Fett essen. Außerdem soll ich auch mehr Sport treiben, denn ich sitze den ganzen Tag am Computer. Im Moment jogge ich abends, aber am Wochenende will ich auch mehr mit dem Rad fahren.

MARIANNE FEUERMANN

Meine Frau ist eine Sport-Fanatikerin. Im Sommer Windsurfen und Tauchen im Roten Meer, im Winter Ski fahren in den Alpen und ich muss immer mit. Mein Arzt hat schon gesagt, ich soll nicht mehr so viel Sport machen, denn das ist nicht gut für mich. Ich glaube, ich tue zu viel im Moment. Ich will mehr relaxen. Ich brauche mehr Freizeit.

Modal verbs

In Lektion 6 you met the modal verbs **können** *and* **müssen**. *Here are some more verbs of this kind:*

wollen (*to want to, to plan to*)
Wir wollen nächstes Jahr in die Schweiz fahren.
We plan to go to Switzerland next year.

dürfen (*to be allowed to*)
Darf ich noch Volleyball spielen?
Am I still allowed to play volleyball?
Ich darf nicht mehr rauchen.
I'm not allowed to smoke any more.

sollen (*should*)
Mein Arzt sagt, ich soll weniger Fett essen.
My doctor says I should eat less fat.

Like **können** *and* **müssen**, *these new modal verbs are quite irregular. To check the right forms, look at the Grammar section, page 218.*

ÜBUNG 16

Lesen Sie den Text noch einmal. Finden Sie die Antworten.

	Was tun sie im Moment?	Was dürfen sie nicht tun?	Was sollen sie tun?	Was wollen sie tun?
Lydia		–	–	will vielleicht einen Fitness-urlaub machen
Michael		darf nicht mehr rauchen		
Marianne	geht vier- bis fünfmal schwimmen			
Egbert		–	soll nicht mehr so viel Sport machen	

ÜBUNG 17

Verbinden Sie.

Lydia Schmidt-Joyner Michael Warnke Marianne Feuermann Egbert Schmidt-Tizian	darf nicht mehr Ski fahren. will mehr Freizeit haben. fühlt sich sehr fit. soll mehr Sport treiben. darf nicht mehr rauchen. soll weniger Sport treiben.

ÜBUNG 18

Sollen, wollen, dürfen: Was passt am besten?

a) Herr Kaspar ist zu dick. Die Ärztin sagt, er _____ weniger essen.

b) Frau Meier liebt Italien. Sie _____ nächstes Jahr nach Neapel fahren.

c) Peter ist morgens immer müde. Seine Mutter sagt, er _____ früher ins Bett gehen.

d) Beate Sabowski hat Herzprobleme. Der Arzt sagt, sie _____ nicht mehr rauchen.

e) Kinder unter 16 Jahren _____ den Film nicht sehen.

f) Man _____ nicht zu viel Kaffee trinken.

g) Im Sommer fahre ich nach Argentinien. Vorher _____ ich ein wenig Spanisch lernen.

ÜBUNG
19

D | Wehwehchen

Aches and pains

Lesen und Lernen. Körperteile:

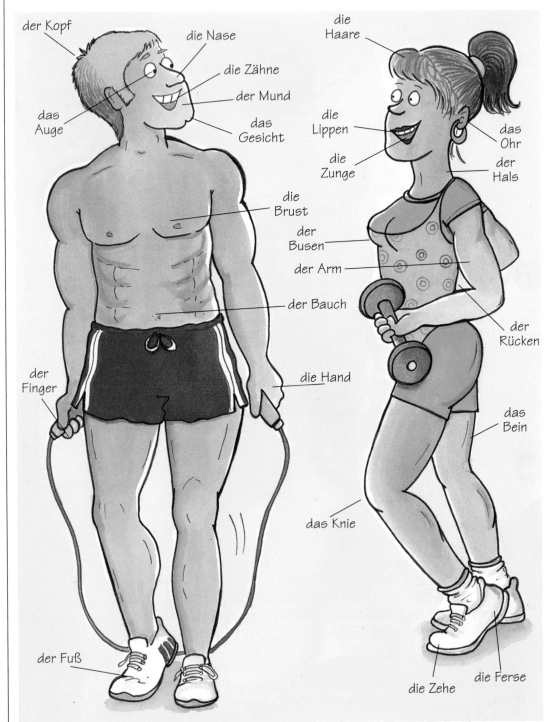

der Kopf

die Nase

die Zähne

der Mund

das Auge

das Gesicht

die Haare

die Lippen

die Zunge

das Ohr

der Hals

die Brust

der Busen

der Arm

der Bauch

der Rücken

der Finger

die Hand

das Bein

der Fuß

das Knie

die Zehe

die Ferse

Was tut hier weh?

Welche Sätze passen zu welchem Bild?
Ordnen Sie bitte zu:

1 Die Augen tun weh. Sie hat zehn Stunden am Computer gearbeitet.
2 Sein Rücken tut weh. Er hat im Garten gearbeitet.
3 Der Hals tut weh. Er ist dick.
4 Sie hat eine Grippe: Kopfschmerzen und Fieber.
5 Der Zahn tut weh. Er muss zum Zahnarzt.
6 Ihm tut nichts weh. Er ist topfit.
7 Ihr Arm tut weh. Sie hat zu viel Tennis gespielt.
8 Ihr Kopf tut weh. Sie hat zu viel Wein getrunken. Sie hat einen Kater.

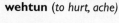

wehtun (*to hurt, ache*)

Beispiele

Mein Kopf tut weh.	*My head hurts / aches.*
Meine Augen tun weh.	*My eyes are aching / hurt.*

To say her arm, his back, *etc. in German you can simply use* **ihr Arm**, **sein Rücken** *etc.*

Ihr Arm tut weh.	*Her arm hurts.*
Sein Rücken tut weh.	*My head aches.*

2.38

Beim Arzt

Frau Philipp ist bei
ihrer Ärztin. Hören
Sie zu!

Richtig oder falsch?

NÜTZLICHE AUSDRÜCKE

Wie kann man es anders sagen?

Mein Zahn tut weh.	Ich habe Zahnschmerzen.
Sein Rücken tut weh.	Er hat Rückenschmerzen.
Ihr Hals tut weh.	Sie hat Halsschmerzen.
Meine Ohren tun weh.	Ich habe Ohrenschmerzen.

	Richtig	Falsch
a) Frau Philipp hat Rückenschmerzen.	☐	☐
b) Die Schmerzen hat sie schon seit sechs Wochen.	☐	☐
c) Sie arbeitet viel am Computer.	☐	☐
d) Die Ärztin verschreibt ihr zehn Massagen.	☐	☐
e) Frau Philipp darf nicht mehr schwimmen.	☐	☐
f) Die Ärztin sagt, es ist sehr gefährlich.	☐	☐

Hatten Sie recht?

Lesen Sie bitte den Dialog.

Dr. Scior	Guten Tag, Frau Philipp, was kann ich für Sie tun? Was fehlt Ihnen?
Frau Philipp	Doktor Scior, ich habe ziemlich starke Rückenschmerzen.
Dr. Scior	Oh, das tut mir leid. Wie lange haben Sie die Schmerzen denn schon?
Frau Philipp	Fast vier Wochen, aber es wird immer schlimmer.
Dr. Scior	Arbeiten Sie denn viel am Schreibtisch?
Frau Philipp	Ja, wir haben ein neues Computersystem, und jetzt arbeite ich fast die ganze Zeit am Computer.
Dr. Scior	Kann ich bitte einmal sehen ... Also, der Rücken ist sehr verspannt. Treiben Sie denn Sport?
Frau Philipp	Nicht sehr viel. Im Moment spiele ich nur ein bisschen Volleyball.

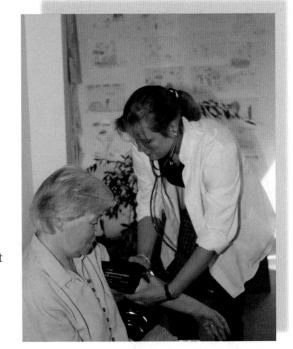

Dr. Scior	Also Frau Philipp, ich glaube, es ist nichts Schlimmes. Ich verschreibe Ihnen zehn Massagen und auch etwas gegen die Schmerzen. Und Sie dürfen in den nächsten Wochen kein Volleyball spielen, gehen Sie lieber zum Schwimmen.
Frau Philipp	Kann ich denn sonst noch etwas tun?
Dr. Scior	Ja, Sie müssen bei der Arbeit bequem sitzen und der Schreibtisch muss die richtige Höhe haben. Das ist sehr wichtig.
Frau Philipp	Gut, vielen Dank.
Dr. Scior	Gern geschehen. Und gute Besserung, Frau Philipp.

VOKABELN

Was fehlt Ihnen?	*What's the matter with you?*
verspannt	*seized up, in spasm*
verschreiben	*to prescribe*
Gern geschehen	*You're welcome*
Gute Besserung!	*Get well quickly!*

Deutschland-Info

KRANKENVERSICHERUNG
Health insurance

In Britain you go to a general practitioner (GP) first for almost any complaint and then you get referred to a specialist if necessary. In Germany you tend to choose a doctor appropriate to a given condition. You simply take along a **Krankenversichertenkarte** and get the doctor to sign a form. This is then sent to your **Krankenkasse**, or health insurance fund, who makes a payment on your behalf.

The **Allgemeine Ortskrankenkassen** (AOK) provide statutory health care for large numbers of people who are not insured privately or with their firm's insurance scheme.

As a British resident travelling to Germany you are insured for most emergency treatments if you take your European Health Insurance Card with you.

NÜTZLICHE AUSDRÜCKE

Ich habe …	Magenschmerzen, Kopfschmerzen, usw.
Ich habe die Schmerzen …	seit zwei Tagen, seit einer Woche, seit einem Monat, usw.
Kann ich / Darf ich …	zur Arbeit gehen, aus dem Haus gehen, usw.?
Muss ich …	im Bett bleiben, ins Krankenhaus?, usw.
Wie oft muss ich …	die Tabletten / die Tropfen nehmen?
Was kann ich / darf ich / darf ich nicht / soll ich …	essen, trinken, machen?, usw.

Verschiedene Ärzte

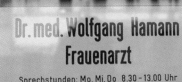

Dr. med. Wolfgang Hamann
Frauenarzt

Sprechstunden: Mo, Mi, Do   8.30 – 13.00 Uhr
Di, Fr   8.30 – 14.30 Uhr
Mo, Do   15.00 – 19.00 Uhr

Dr. med. Ekkehard Rieger
Augenarzt

Sprechstunden: Mo. Di. Do. Fr.: 8 – 11 Uhr
Di. Do. Fr.: 15 – 17 Uhr
nach Vereinbarung

Dr. med. Jürgen Möller
Kinderarzt
Kinder- und Jugendpsychiatrie

Dr. med. H. Stümpel
Fachärztin
für Allgemeinmedizin

Sprechzeiten: Mo - Fr   8 – 12 Uhr
Di. Do. Fr 16 – 18 Uhr

2. OG

Dr. med. D. Johann
Arzt für Orthopädie

Sprechstunden: Mo. - Fr.   8¹⁵ – 12⁰⁰ Uhr
Mo. Di. Do. 15⁰⁰ – 17³⁰ Uhr

Tel. 0511/86 48 22

HANNA
SCHIEBENHÖFER

Zahnärztin

Sprechzeiten :
Mo - Fr   9 – 12 Uhr
Mo, Di, Do   16 - 18 Uhr
und nach Vereinbarung
Tel. 86 41 11

Ergänzen Sie bitte:

Beispiel
Wenn man Zahnschmerzen hat, geht man **zur
Zahnärztin** (oder **zum Zahnarzt**).

a) Mit den Kindern geht man zum _____ .

b) Wenn man Probleme mit dam Rücken hat, geht man
zum _____ .

c) Wenn man Probleme mit den Augen hat, geht man
zum _____ .

d) Wenn eine Frau ein Baby bekommt, geht sie zum
_____ .

e) Wenn man zum Beispiel eine Grippe oder Fieber hat,
geht man zur _____ .

TIPP
Man sagt:
zum Arzt
aber
zur Ärztin

24

Spielen Sie die Rolle der Patientin/des Patienten.

You might want to write out the answers first.

Dr. Amm	Guten Tag. Wie kann ich Ihnen helfen? Was fehlt Ihnen?
Patient/in	*(Say that you've got throat pains.)*
Dr. Amm	Oh, das tut mir leid. Wie lange haben Sie die Schmerzen denn schon?
Patient/in	*(Tell him for about three days and that it's getting worse.)*
Dr. Amm	Was sind Sie von Beruf, wenn ich fragen darf?
Patient/in	*(Say that you're a teacher.)*
Dr. Amm	Ach so! Lehrer haben oft Probleme mit dem Hals. In der Klasse müssen sie oft zu viel sprechen, das ist nicht gut für den Hals.
Patient/in	*(Say yes, but what should you do?)*
Dr. Amm	Also, ich verschreibe Ihnen Tabletten. Essen Sie auch viel Eis und trinken Sie viel Wasser. Fahren Sie bald in Urlaub?
Patient/in	*(Say yes, next week you're flying to Florida.)*
Dr. Amm	Gut, dann müssen Sie versuchen, ein bisschen zu relaxen. Und Sie dürfen nicht zu viel sprechen!
Patient/in	*(Say, all right and thanks very much.)*
Dr. Amm	Gern geschehen. Und gute Besserung.

TIPPS ZUR AUSSPRACHE

2.39

*At the end of a word or syllable the letter **b** in German is pronounced more like an English p:*

gib	hab	Urlaub	halb	abholen	Obst

*When the **b** is no longer at the end of the word or syllable it is pronounced as an English b:*

geben	haben	Urlaube	halbe

 How would you pronounce these words: ob, Ober, Herbst, schreibt, schreiben?

Grammatik

Modal verbs

You have now met all the main modal verbs. Here is a grid showing their present tense forms.

	dürfen	können	müssen	sollen	wollen
ich	darf	kann	muss	soll	will
du	darfst	kannst	musst	sollst	willst
Sie	dürfen	können	müssen	sollen	wollen
er/sie/es	darf	kann	muss	soll	will
wir	dürfen	können	müssen	sollen	wollen
ihr	dürft	könnt	müsst	sollt	wollt
Sie	dürfen	können	müssen	sollen	wollen
sie	dürfen	können	müssen	sollen	wollen

Note that the **ich**-form does not end in **-e** like normal verbs (**ich komme, ich spiele,** etc.). And the **er/sie/es** form does not end in **-t** (**er kommt, sie spielt,** etc.).

Modal verbs are occasionally used on their own:

Ich kann sehr gut Englisch.   *I can (speak) English very well.*
Wir wollen morgen nach München.   *We want (to go) to Munich tomorrow.*

But they nearly always need a second verb and this is sent to the end of the sentence or clause. Note that the second verb is usually in the infinitive form.

Hier	darf	man leider nicht	parken.
Jetzt	müssen	wir nach Hause	gehen.
Wir	wollen	morgen nach Berlin	fliegen.
	modal verb		*second verb (infinitive)*

Wenn

As you saw earlier in this **Lektion**, **wenn** can mean *if* or *when* and it sends the verb to the end of the **wenn** clause:

Mir gefällt es,   **wenn** die Sonne *scheint*.
                  wenn es im Winter *schneit*.
                  wenn es im Herbst windig *ist*.

Wenn es morgen nachmittag *regnet*,
Wenn ich nicht zu viel Arbeit *habe*,   gehe ich ins Kino.
Wenn meine Freundin mitkommen *kann*,

The **wenn** clause needs a comma either at the beginning or at the end, as in the examples above.

Mehr Übungen ...

1   Welche Präpositionen fehlen?

München, am 3. September

Liebe Inga,

na, wie geht's? Dieses Jahr sind wir nicht _____ Indien geflogen
oder _____ die Berge gefahren. Nein, wir haben Urlaub _____
der Ostsee gemacht, _____ der Insel Rügen. Rügen liegt im Nord
der Osten von Deutschland. Das Wetter war gut, wir sind
viel _____ der Ostsee geschwommen. Außerdem haben wir einen
Ausflug _____ Berlin gemacht. Dort war es natürlich auch sehr
interessant. So viel hat sich verändert. Wir sind _____
Jüdische Museum gegangen und waren auch _____ Reichstag.

Wie ist deine neue Wohnung?
Ich hoffe, es geht dir gut.

Bis bald und grüß alle!
          Deine Martina

---

2   Was haben Sie in Ihrem letzten Urlaub
     gemacht? Schreiben Sie eine E-Mail oder
     einen Brief.

     Schreiben Sie bitte, wo Sie gewesen sind,
     wie lange Sie dort waren, wie das Wetter
     war, was Sie gemacht haben, usw.

3   Wie war das Wetter in Deutschland?

     Hier ist die Wetterkarte für den 13. August.
     Richtig oder falsch?

     a) In Berlin hat die Sonne geschienen.
     b) In Stuttgart hat es Nebel gegeben.
     c) In Leipzig war es heiter aber auch ein
         bisschen wolkig.
     d) In Düsseldorf war es gewittrig.
     e) In München war es sehr neblig.
     f) In Saarbrücken hat es geregnet.

Quelle: de.weather.yahoo.com

4 Dürfen oder **können**? Bitte ergänzen Sie.

Beispiel

Hier _____ man Luft und Wasser für das Auto bekommen.

Hier **kann** man Luft und Wasser für das Auto bekommen.

a) In diesem Geschäft _____ man Bücher und Schreibwaren kaufen.
b) Hier ____ man Kaffee, Tee und Wein kaufen.
c) In dieser Straße _____ man nur langsam fahren.
d) In dieser Stadt _____ man sonntags um 10 Uhr in die Kirche gehen.
e) Werktags zwischen 7 und 19 Uhr ____ man hier bis auf 60 Minuten parken.
f) Vor dieser Tür ____ man nicht parken.

Now you have completed Lektion 11, can you:

tick

1 say where you went, what you did, etc. on holiday?
See pages 201–5. ☐

2 talk about weather conditions?
See pages 206–8. ☐

3 say what you consider to be healthy and unhealthy?
See pages 208–11. ☐

4 say what aches and pains you have?
See pages 212–7. ☐

Checkliste

Was haben Sie gelernt?

URLAUB	Holiday
der Berg (-e)	mountain
die Insel (-n)	island
das Meer (-e)	sea
die Ostsee	the Baltic
das Tauchen	diving
der Traum (¨e)	dream
liegen	to lie (in the sun, etc.)
Ski laufen / fahren	to ski
wieder|kommen	to come again, come back

JAHRESZEITEN	Seasons
der Frühling	spring
der Herbst	autumn
der Sommer	summer
der Winter	winter

WETTER	Weather
die Aussicht (-en)	prospect, outlook
das Gebiet (-e)	area, region
das Gewitter	thunderstorm
der Nebel	fog
der Regen	rain
der Schnee	snow
die Sonne	sun
die Temperatur (-en)	temperature
der Wetterbericht (-e)	weather report
die Wettervorhersage	weather forecast
der Wind	wind
bedeckt	overcast
gewittrig	thundery
heiter	bright, fine
neblig	foggy
sonnig	sunny
windig	windy
wolkig	cloudy
regnen	to rain
scheinen	to shine
schneien	to snow

KÖRPERTEILE	Parts of the body
der Arm (-e)	arm
das Auge (-n)	eye
der Bauch (¨e)	stomach, belly
das Bein (-e)	leg
die Brust (¨e)	chest, breast
der Busen (-)	bosom, breast, bust
die Ferse (-n)	heel
der Finger (-)	finger
der Fuß (¨e)	foot

das Gesicht (-er)	face
das Haar (-e)	hair
der Hals (¨e)	neck, throat
die Hand (¨e)	hand
das Herz (-en)	heart
das Knie (-)	knee
der Kopf (¨e)	head
die Lippe (-n)	lip
der Mund (¨er)	mouth
die Nase (-n)	nose
das Ohr (-en)	ear
der Rücken (-)	back
der Zahn (¨e)	tooth
der Zeh (-en)	toe
die Zunge (-n)	tongue

GESUNDHEIT	Health
der Augenarzt/ die Augenärztin	eye specialist
der Frauenarzt/ die Frauenärztin	gynaecologist
der Kinderarzt/die Kinderärztin	paediatrician
der Zahnarzt/ die Zahnärztin	dentist
der Alkohol	alcohol
das Fett	fat
das Gewicht	weight
die Grippe	flu
die Krankenkasse	health insurance fund
die Krankenversicherung	health insurance
der Schmerz (-en)	pain
die Tablette (-n)	tablet
der Tropfen (-)	drop
Gute Besserung!	Get well quickly!
gefährlich	dangerous
krank	ill, sick
verspannt	seized up, in spasm
fehlen (+ Dat.)	What's the matter
Was fehlt dir?	with you?
rauchen	to smoke
verschreiben	to prescribe
weh|tun	to hurt, ache

MEHR VERBEN	More verbs
beenden	to finish
betragen	to be, amount to
kämpfen	to struggle, fight

- ● Telephoning
- ● Writing a CV
- ● Talking about German-speaking countries
- ● Expressing opinions on the German language
- ■ Weak nouns
- ■ Numbers (revision)
- ■ Dass clauses

A | Telefonieren

ÜBUNG
1

Am Telefon

Lesen und Lernen

Was kann man sagen?

VOKABELN

| Bist du es? | Is that you? |
| verbinden | to connect, put through |

a) Sie sprechen direkt mit der Person:

Hallo, Bernd, bist du es?

Na klar, bin ich's.

Guten Tag, Herr Preiß. Hier spricht Frau Weber.

Ah, Frau Weber. Wie geht's?

Spreche ich mit Frau Schmidt?

Nein, hier ist Frau Lorch am Apparat.

b) Sie sprechen nicht direkt mit der Person:

Ist Inga da?

Einen Moment, bitte. Ich hole sie.

Einen Moment, bitte. Ich verbinde (Sie).

Ich möchte mit Herrn Klaus sprechen.

Kann ich bitte mit Frau Groß sprechen?

Es tut mir leid. Frau Groß ist im Urlaub.

ÜBUNG
2

Formell oder informell?

Welche Fragen sind formell, welche informell?
Machen Sie eine Liste.

informell

– Hallo, Bernd, bist du es?

–

–

formell

– Guten Tag, Frau Preiß.

–

–

Herrn

You will have noticed that the word **Herr** *has an* **n** *at the end in some of the examples. This is because* **Herr** *belongs to a group of nouns (called weak nouns) that add* -**(e)n** *in the accusative and dative:*

Das ist Herr Schmidt.	*Nominative*
Kennen Sie Herr**n** Schmidt schon?	*Accusative*
Ich möchte mit Herr**n** Schmidt sprechen.	*Dative*

Other nouns that belong to this group include:
der Mensch, der Name, der Student:

Bitte sagen Sie Ihren Name**n**.	*Accusative*
Können Sie diesem Studente**n** helfen?	*Dative*

ÜBUNG
3

2.40–2.42

Telefonanrufe

In welchen Dialogen (Dialog eins, zwei oder drei) sagen die Leute die Sätze?

Hören Sie bitte zu und kreuzen Sie an.

Hören Sie die Dialoge noch einmal!

a) Was macht Frau Dr. Martens gerade? (Dialog 1)
b) Wo ist Sandy und wann kommt sie wieder nach Hause? (Dialog 2)
c) Wo ist Peter Fink und wann ist er wieder im Büro? (Dialog 3)
d) Was möchte ihm Corinna geben? (Dialog 3)

	1	2	3
Sie ist beim Zahnarzt.			
Die Leitung ist besetzt.		X	
Er ist auf Geschäftsreise.			
Soll sie zurückrufen?			
Wollen Sie warten?			
Wollen Sie eine Nachricht hinterlassen?	X		
Er möchte mich morgen zurückrufen.			
Ich bin zu Hause.			
Ich rufe später noch mal an.			

V O K A B E L N

eine Nachricht hinterlassen	*to leave a message*
jemandem etwas aus|richten	*to give a message to someone*
zurück|rufen	*to call back*
Die Leitung ist besetzt.	*The line is busy/ engaged.*

ÜBUNG 4

Frage und Antwort. Was passt zusammen?

a) Ist Corinna da?

b) Können Sie Herrn Grün etwas ausrichten?

c) Spreche ich mit Frau Kemper?

d) Können Sie Julia sagen, ich habe angerufen?

e) Kann ich bitte mit Herrn Martin sprechen?

f) Bist du es, Renate?

1 Natürlich kann ich ihm etwas ausrichten.

2 Einen Moment. Ich verbinde.

3 Tut mir leid, sie ist nicht zu Hause.

4 Natürlich bin ich es. Meine Stimme ist ein bisschen tief.

5 Ja, hier ist Kemper am Apparat.

6 Natürlich kann ich ihr das sagen.

TIPP
ihm, ihr, ihnen …?
Siehe Lektion 10.

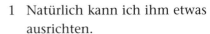

Deutschland-Info

TELEFONIEREN

German speakers often answer the phone by saying their surname: 'Schmidt' or 'Schmidt am Apparat'. Even women will refer to themselves by their surname, as in the **Frage und Antwort** example: 'Ja, hier ist Kemper am Apparat.'

Using **du** or first names on the phone to someone you do not know is considered inappropriate.

As in most countries, mobile phones (**Handys**) are very popular in Germany, too. Many people, however, still prefer to use a **Telefonkarte** when calling Germany from abroad. Cards are also available for landline use within Germany. Because they come in many different designs, they are collectors' items.

ÜBUNG 5

Erinnern Sie sich? Heißt es **ihr**, **ihm** oder **ihnen**?

Beispiel
Soll ich **Frau Martini** etwas sagen?
→ Soll ich **ihr** etwas sagen?

a) Ich sage es Herrn Lobinger.
Ich sage es _____ .

b) Ich richte es meinem Sohn aus.
Ich richte es _____ aus.

c) Soll ich Susi und Tim eine Nachricht geben?
Soll ich _____ eine Nachricht geben?

d) Soll ich Frau Martens etwas ausrichten?
Soll ich _____ etwas ausrichten?

e) Sag Mutti bitte, ich bin um 5 Uhr da.
Sag _____ bitte, ich bin um 5 Uhr da.

Können Sie die Sätze ins Englische übersetzen?

GHP TK PD 02 05.08

4 041609 110307

Immer in Verbindung bleiben – auch bei leerer Karte. Einfach 0800 0800 108 wählen und per R-Gespräch telefonieren! Da zahlt der Angerufene.

Gilt nur im Festnetz der Deutschen Telekom.

Telefonkarte
10 €

ÜBUNG 6

Frau Nadolny ist in einem Meeting.

Herr Kunz möchte mit Frau Nadolny sprechen. Was sagt Herr Kunz? Ordnen Sie bitte zu.

a Einen kleinen Moment. Ich verbinde... Es tut mir leid, Frau Nadolny ist gerade in einem Meeting.

Guten Tag, Kunz. Ich möchte gern mit Frau Nadolny sprechen.

b Das ist schwer zu sagen. Möchten Sie eine Nachricht hinterlassen?

c Natürlich. Was soll ich ihr ausrichten?

d Gut. Hat sie Ihre Nummer?

e Das ist vielleicht eine gute Idee.

f Und wie lange sind Sie heute im Büro?

g Ich richte es ihr aus, Herr Kunz. Vielen Dank und auf Wiederhören.

1 Wenn das möglich ist, gerne.
2 Können Sie ihr sagen, dass ich angerufen habe. Sie möchte mich bitte zurückrufen.
3 Auf Wiederhören.
4 Herr Kunz, Firma Bötticher, Anschluss 212.
5 Wie lange geht das Meeting denn?
6 Ich bin bis 16.00 Uhr an meinem Schreibtisch.
7 Ich denke schon, aber ich kann sie Ihnen noch mal geben.

Antworten: a–5; b–_____ ; c–_____ ; d–_____ ;
e–_____ ; f–_____ ; g–_____ .

2.43

Hatten Sie recht? Hören Sie jetzt bitte den Dialog und überprüfen Sie Ihre Antworten.

Spielen Sie dann den Dialog mit Ihrem Partner/Ihrer Partnerin.

ÜBUNG 7

Anrufbeantworter

Hören Sie den Anrufbeantworter von Familie Schweighofer. Welche Wörter fehlen?

> Guten Tag. _____ ist der telefonische Anrufbeantworter von Evelyn und Michael Schweighofer. Wir sind im Moment _____ nicht da. Sie können uns aber gerne nach dem Pfeifton eine _____ hinterlassen. Bitte sagen Sie uns Ihren _____ und Ihre _____ und wir _____ Sie dann so schnell wie möglich _____ .

Was sagen Sie? Schreiben Sie eine kurze Antwort. Lesen Sie die Antworten in der Klasse vor.

ÜBUNG 8

Wortspiel

Setzen Sie die fehlenden Wörter ein. In der Mitte erscheint dann (fast) ein zwölftes Wort. Was ist es?

1 A __ __ [ ] __ __ t

2 __ __ r __ __ __ __ __ [ ] __ e __

3 __ [ ] __ __ __ __ __ __

4 __ __ __ [ ] __ __ __ __

5 __ __ __ [ ] __ __ __

6 __ __ __ __ __ __ __ [ ] __ __ __ __

7 __ [ ] __ __ __ __ __ __ __ __

8 __ __ __ __ [ ]

9 __ __ __ __ __ [ ] __ __ __ __

10 __ __ __ [ ] __

1 Guten Morgen. Schwarz am _____ .

2 Sagen Sie bitte, er soll _____ .

3 Sprechen Sie bitte nach dem _____ .

4 Ja, Herr Gruber ist in seinem Büro. Ich _____ .

5 Es tut mir leid. Aber diese Nummer ist _____ .

6 Möchten Sie eine Nachricht _____ ?

7 Freye, Firma Braun, _____ 314.

8 Die _____ ist besetzt. Ich versuche es später noch einmal.

9 Darf ich bitte eine _____ hinterlassen?

10 Bitte sagen Sie uns Ihren _____ und Ihre Telefonnummer.

11 Möchten Sie ihr etwas _____ ?

B | Lebensläufe

Lebenslauf I: Peter Frankenthal

Lesen Sie den Lebenslauf von Peter
Frankenthal und beantworten Sie die
Fragen.

der Werdegang	*development, career*
die Grundschule	*primary school*
der Realschulabschluss	roughly equivalent to GCSE in the UK
die Lehre	*apprenticeship*
der Bankkaufmann	*qualified bank clerk*
der Filialleiter	*branch manager*
fließend	*fluent*

LEBENSLAUF

```
Name:           Peter Frankenthal
geboren:        29.07.1975 in Frankfurt/Main
Nationalität:   deutsch
Familienstand:  verheiratet, 2 Kinder
Wohnort:        Mainz
```

WERDEGANG
```
1981 - 1985    Grundschule in Frankfurt
1985 - 1991    Schiller-Schule in Offenbach
               Abschluss: Realschulabschluss
1991 - 1994    Banklehre bei der Dresdner
               Bank in Offenbach
1994 - 1998    Bankkaufmann bei der Dresdner
               Bank in Offenbach
1998 - 2007    Bankkaufmann bei der Commerzbank,
               Frankfurt
               Besuch von Sprachkursen in Englisch
               und Französisch
seit 2007      Filialleiter Commerzbank in
               Mainz-Süd
```

BESONDERE KENNTNISSE
```
Englisch und Französisch fließend
Sehr gute Computerkenntnisse
```

Richtig oder falsch?
Korrigieren Sie die falschen Aussagen.

	Richtig	Falsch
a) Herr Frankenthal ist ledig.	☐	☐
b) Er ist in Frankfurt geboren.	☐	☐
c) In Frankfurt hat er auch seinen Realschulabschluss gemacht.	☐	☐
d) Nach der Schule hat er gleich eine Lehre gemacht.	☐	☐
e) Seinen ersten Job hatte er bei der Commerzbank.	☐	☐
f) Von 1998 bis 2007 hat er wieder in Frankfurt gearbeitet.	☐	☐
g) Seit 2007 ist er Filialleiter.	☐	☐

11

2.45

Lebenslauf II: Claudia Schulte

Claudia Schulte, von Beruf Journalistin, erzählt über ihr Leben.

Hören Sie zu und versuchen Sie die Fragen zu beantworten:

a) In welchem Jahr ist sie geboren?
b) Was hat sie nach der Schule gemacht?
c) Wann hat sie ihr Praktikum gemacht?
d) Wo hat sie studiert?
e) Wie lange hat sie bei der „Tageszeitung" gearbeitet?
f) Seit wann arbeitet sie beim „Spiegel"?

Lesen Sie jetzt den Lebenslauf von Claudia Schulte. Hatten Sie recht?

Die Jahre auf Deutsch

2005 – Man spricht zweitausend(und)fünf

Vorsicht! Man sagt nicht: ✗ in 2005 ✗

2008 ist Peter 33 Jahre alt geworden.

You can also say **im Jahre** ... . *Note that* **im Jahre** *is usually used in a more formal context:* **Im Jahre** 1786 ist Goethe nach Italien gereist.

Useful prepositions
von ... bis ...   *from ... to ...*
seit   *since*

Von 1998 **bis** 2005 hat Peter Englischkurse besucht. **Seit** 2005 ist er mit Monika Delmonte verheiratet.

LEBENSLAUF

Name: Claudia Schulte
geboren: 1.6.1978 in Bremen
Nationalität: deutsch
Familienstand: ledig
Wohnort: Hamburg

Werdegang

1984 – 1988	Grundschule in Bremen
1988 – 1997	Heinrich-Heine Gymnasium in Bremen
	Abschluss: Abitur
1997 – 1998	Reisen durch Asien
1998 – 1999	Praktikum bei der „Hamburger Zeitung"
1999 – 2004	Studium der Journalistik an der Universität Hamburg
	Abschluss: MA phil
2004 – 2008	Journalistin bei der „Tageszeitung" in Berlin
seit 2008	Journalistin bei „Der Spiegel" in Hamburg

Besondere Kenntnisse
Englisch, Spanisch und Französisch fließend

Frau Schulte schreibt ihren Lebenslauf.

Helfen Sie ihr und setzen Sie ein.

Ich bin am _____ in _____ geboren. Von _____ bis _____ bin ich in die Grundschule in _____ gegangen. Danach habe ich auf das Heinrich-Heine-Gymnasium gewechselt. 19_____ habe ich mein Abitur gemacht. Nach der Schule bin ich _____ _____ gereist. Von _____ bis _____ habe ich ein Praktikum bei der _____ _____ gemacht. Anschließend habe ich Journalistik _____ _____ studiert und 20_____ meinen Abschluss gemacht.
Nach dem Studium habe ich von _____ bis _____ bei _____ _____ in _____ gearbeitet. 2008 bin ich wieder nach _____ gezogen und arbeite beim Nachrichtenmagazin _____ _____ .

Was passt zusammen?

a) in die Grundschule   gemacht
b) auf das Gymnasium   gearbeitet
c) das Abitur   studiert
d) Journalistik   gewechselt
e) in einer Bank   geboren
f) durch Asien   gegangen
g) in Bremen   gezogen
h) nach Hamburg   gereist

Welche Verben brauchen **haben** im Perfekt? Und welche brauchen **sein**?

Welche Präpositionen fehlen?

nach – bei – nach – in – seit – an

a) Peter ist _____ Monte Carlo geboren.
b) Viele Leute sind _____ Berlin gezogen.
c) Paulina hat _____ der Universität von Boston studiert.
d) Herr Neuss arbeitet _____ der Telekom.
e) _____ der Schule hat sie gleich studiert.
f) Er lebt _____ drei Jahren mit seiner Freundin zusammen.

Deutschland-Info

LEBENSLÄUFE

The tabular format illustrated in Peter Frankenthal's CV is very widely used in Germany.
What you are given here is the basic structure for a German CV.
It is quite common in German CVs to include a photograph of oneself.
Some dictionaries (such as *The Oxford Duden German Dictionary*) offer help with the writing of a CV and of a letter of application for a job.

It is common practice in German CVs to include the school you went to and the qualifications you gained. The school system in Germany varies from **Land** to **Land**, but in general all pupils go to the **Grundschule** when they are about six, and then four years later – according to their attainment/abilities – transfer to one of various types of schools, where they do different courses and attend for different lengths of time: the **Hauptschule**, a bit like the British Secondary Modern School, where courses lead to the **Hauptschulabschluss**, the **Realschule**, leading to the **Realschulabschluss**, a bit like GCSEs in Britain; and the **Gymnasium** or grammar school, leading to the **Abitur**, which is roughly comparable to A-Levels.
In some **Länder** all three types of secondary school are combined uner one roof in what is known as the **Gesamtschule** (*comprehensive school*).

ÜBUNG 15

Und Ihr Lebenslauf?

Schreiben Sie einen tabellarischen Lebenslauf wie Herr Frankenthal oder Frau Schulte (Übung 9 und 11). Wenn Sie Probleme haben, fragen Sie bitte Ihre Lehrerin/Ihren Lehrer.

LEBENSLAUF

Name: . . . .
geboren: . . . .
Nationalität: . . . .
Familienstand: . . . .
Wohnort: . . . .

WERDEGANG
. . . .
. . . .
. . . .
. . . .

BESONDERE KENNTNISSE
. . . .
. . . .
. . . .

Schreiben Sie dann einen Lebenslauf wie Frau Schulte (Übung 12). Sie brauchen natürlich nicht die Wahrheit zu schreiben.

Mischen Sie alle Lebensläufe in der Klasse. Jeder Student liest einen Lebenslauf vor. Sie müssen raten: Wer ist das?

ÜBUNG 16

Ist das nicht Nicole Kidman?

Schreiben und erzählen Sie den Lebenslauf einer prominenten Person. Die anderen müssen raten, wer es ist.

C | Was wissen Sie über Deutschland, Österreich und die Schweiz?

Lesen und Lernen

Ein Reporter fragt Leute über Deutschland, Österreich und die Schweiz.

☺ Was passiert mit den Verben, wenn man „dass" benutzt?

ÜBUNG
18

Sagen Sie es komplizierter und benutzen Sie **dass**:

Beispiel

Ich denke, viele Touristen fahren nach Heidelberg.
Ich denke, **dass** viele Touristen nach Heidelberg **fahren**.

a) Ich meine, Frankfurt ist das Finanzzentrum von Deutschland.
b) Ich glaube, es gibt in Wien viele alte Kaffeehäuser.
c) Ich denke, München ist eine sehr schöne Stadt.
d) Ich glaube, die Schweizer haben viel Humor.
e) Ich denke, die Deutschen trinken viel Bier.
f) Ich meine, Deutschland ist ein sehr interessantes Land.

ÜBUNG
19

Haben Sie es gewusst? Wissenswertes über die Schweiz, Österreich und Deutschland.
Bevor Sie den Text auf den Seiten 233–4 lesen:
Arbeiten Sie mit einem Partner / oder in einer kleinen Gruppe. Besprechen Sie dann die Antworten in der Klasse.

Können Sie **dass** benutzen?

Beispiel

Ich denke / Wir denken, dass Österreich größer als die Schweiz ist.
Ich glaube / Wir glauben, dass die Schweiz größer als Österreich ist.

a) Welches Land ist größer: Österreich oder die Schweiz?
b) Wie heißt die Hauptstadt der Schweiz?
c) Wie viele offizielle Sprachen gibt es in der Schweiz?
d) Liegt Linz in Österreich oder in der Schweiz?
e) Wer ist in Salzburg geboren?
f) Wie viele Einwohner hat die Bundesrepublik Deutschland?
g) Wie heißt die Hauptstadt der Bundesrepublik Deutschland?
h) Welche Stadt ist größer: Hamburg oder München?
i) Wo und wann findet das Oktoberfest statt?
j) Welche Stadt in Deutschland ist am multikulturellsten?

Lesen Sie jetzt den Text und überprüfen Sie Ihre Antworten. Welche Gruppe hat die meisten richtigen Antworten?

dass

*The word **dass** can be useful when you want to introduce an opinion in German. It is very similar to that in English, except that **dass** sends the verb to the end of the sentence or clause:*

*Ich denke, **dass** Augsburg in Süddeutschland **liegt**.*

*When you use **dass** with the perfect tense, the **haben** or **sein** verb goes right at the end:*

Ich glaube, **dass** Frau Schulte in Hamburg studiert **hat**.
Ich glaube, **dass** Frau Schulte nach dem Abitur durch Asien gereist **ist**.

*Note that the **dass** part of the sentence starts with a comma.*

*You can leave out the word **dass** if you want to. The verb then comes earlier in the sentence:*

Ich denke, Augsburg **liegt** in Süddeutschland.
Ich glaube, Frau Schulte **hat** in Hamburg studiert.
Ich glaube, Frau Schulte **ist** nach dem Abitur durch Asien gereist.

ÜBUNG
20

Haben Sie es gewusst? Wissenswertes über die Schweiz,
Österreich und Deutschland

Deutschland, Österreich und die Schweiz: Das sind die drei Länder, wo man Deutsch als Muttersprache spricht. Aber es gibt auch noch einige andere Regionen, wo die Leute Deutsch sprechen, zum Beispiel in Belgien an der Grenze mit Deutschland, in Luxemburg, im Fürstentum Liechtenstein und in Süd-Tirol, Italien. Deutschsprachige Minderheiten findet man auch in Kanada, den USA, Rumänien und sogar in Namibia! Insgesamt sprechen etwa 110 Millionen Deutsch als Muttersprache.

Von den drei Ländern ist die Schweiz das kleinste: Sie umfasst 41 293 km² und hat 7,5 Millionen Einwohner. Die Hauptstadt ist Bern, nicht Zürich, aber Zürich ist die größte Stadt mit 365 000 Einwohnern. Interessant ist, dass man in der Schweiz vier Sprachen spricht: Deutsch, Französisch, Italienisch und Räteromanisch. Bekannt ist die Schweiz für ihre Uhren, Arzneimittel und für die Berge – ideal für einen Wanderurlaub im Sommer und einen Skiurlaub im Winter. Österreich ist etwa doppelt so groß wie die Schweiz und umfasst 83 853 km² und hat 8,3 Millionen Einwohner. Die Hauptstadt ist Wien, mit 2,1 Millionen Einwohnern und Sehenswürdigkeiten wie das Schloss Schönbrunn, die Hofburg oder das Sigmund-Freud-Haus. Andere Städte in Österreich sind Linz, Graz, Innsbruck und Salzburg. Salzburg ist die Geburtsstadt von Wolfgang Amadeus Mozart und viele Leute besuchen die Stadt im Sommer. Sehr beliebt sind die Mozart-Kugeln, eine Süßigkeit aus Marzipan.

Seit der Wiedervereinigung 1989 umfasst die Bundesrepublik Deutschland insgesamt 356 974 km² und hat 82,4 Millionen Einwohner. Seit dem 3. Oktober 1990 ist Berlin die neue Hauptstadt. Davor war Bonn die Hauptstadt der BRD und Ost-Berlin war die Hauptstadt der ehemaligen DDR. Berlin ist auch die größte Stadt in Deutschland, jetzt mit 3,6 Millionen Einwohnern.

Schloss Schönbrunn in Wien

Die Turmuhr
von Graz

Reichstag, Berlin

Vielleicht gehen aber auch viele Leute gern in die Biergärten oder (im September!) aufs Oktoberfest.

Deutschland ist aber auch schon längst eine multikulturelle Gesellschaft: Hier leben insgesamt 7,28 Millionen Ausländer, die meisten aus der Türkei (rund 2 Millionen), aber auch Menschen aus dem früheren Jugoslawien, Griechenland, Spanien, Italien, Irland, und aus der ehemaligen Sowjetunion. Unter den Ausländern gibt es auch Asylanten aus Ländern wie Afghanistan, Sri Lanka, Irak, Iran, usw. Prozentual hat Frankfurt am Main mit 27 Prozent die meisten Ausländer und ist am multikulturellsten.

Nach Berlin ist Hamburg die zweitgrößte Stadt mit 1,75 Millionen Einwohnern vor München mit 1,33 Millionen. München ist aber von allen Städten am beliebtesten: Die meisten Deutschen wollen hier leben, denn das Wetter ist meistens schön im Sommer und im Winter sind die Alpen nicht weit.

Was passt zu welchem Land? Ordnen Sie zu:

- Biergärten
- Sigmund Freud-Haus
- Mozart-Kugeln
- Uhren
- Wiedervereinigung
- Arzneimittel
- 82,4 Millionen Einwohner
- Schloss Schönbrunn

- Oktoberfest
- viele Leute aus der Türkei
- vier Sprachen
- 8,3 Millionen Einwohner
- neue Hauptstadt
- multikulturelle Gesellschaft
- 7,5 Millionen Einwohner
- etwa doppelt so groß wie die Schweiz

SCHWEIZ	ÖSTERREICH	DEUTSCHLAND
		Biergärten

Finden Sie die Zahlen:

a) Fläche der Bundesrepublik Deutschland: 356 974 km²

b) Fläche von Österreich: _____

c) Fläche der Schweiz: _____

d) Einwohnerzahl von Deutschland: _____

e) Einwohnerzahl von Österreich: _____

f) Einwohnerzahl der Schweiz: _____

g) Deutsche Wiedervereinigung: _____

h) Seit wann Berlin Hauptstadt ist: _____

i) Ausländeranteil in Frankfurt: _____ %.

TIPP
Zahlen: Mehr Information finden Sie in der Grammatik, Seite 239.

D | Deutsche Sprache — schwierige Sprache?

Lesen und Lernen. Ist Deutsch wirklich so schwierig?

Viele Leute sagen, dass Deutsch eine schwierige Sprache ist. Besonders die Grammatik ist komplizierter als in anderen Sprachen, wie zum Beispiel Englisch. Stimmt das? „Deutsch heute" hat einige Leute gefragt, die Deutsch gelernt haben oder immer noch lernen. Wir haben auch gefragt: Was war einfach für Sie? Und was war schwierig?

Fahid, kommt aus Syrien und lebt seit vier Jahren in Deutschland. Er ist Tischler.

Ich bin vor vier Jahren nach Deutschland gekommen, denn wir haben große Probleme in meinem Land. Ich habe kein Wort Deutsch gesprochen und alles hier gelernt. Wenn man jeden Tag lernt, kann man es schnell sprechen. Ich bin zwar nicht perfekt, aber ich kann alles verstehen und jeder versteht mich. Schreiben ist noch schwierig. Und die Artikel, „der", „die" und „das". Die meisten Leute sind aber sehr nett und helfen mir.

Netsehet Bambusi, ist in Äthiopien geboren und lebt seit über 15 Jahren in Deutschland.

Ich bin in Äthiopien geboren und als Kind habe ich schon Deutsch an der Deutschen Schule in Addis Abeba gelernt. Mein Vater war Diplomat und mit zehn Jahren bin ich mit meiner Familie nach Berlin gezogen. Ich bin dort in die Schule gegangen. Ich habe schon als Kind Deutsch gesprochen, darum finde ich es nicht so schwer. Nur die Großschreibung macht mir Probleme. Warum schreibt man alle Nomen mit einem großen Buchstaben? Man soll das ändern.

Peter Williams, Banker aus den USA, ist oft geschäftlich in Deutschland.

Ich lerne Deutsch seit sechs Jahren, eine Stunde pro Woche. Ich lese sehr gern „Die Welt" oder auch die „Süddeutsche Zeitung" und spreche auch sehr gern. Aber ich bin kein Freund der Grammatik, besonders trennbare Verben wie „mitkommen", „abfahren" mag ich nicht. Aber Deutsch macht mir Spaß. Ich habe versucht, Spanisch zu lernen, aber das war viel zu schnell und zu schwierig. Ich glaube, dass Deutsch nicht so schwer ist, wenn man Englisch spricht.

Abigail Lawson, Touristen-Führerin in London.

Ich möchte einmal deutsche Touristen durch London führen, darum lerne ich Deutsch. Mein Hauptproblem sind die Artikel und die Adjektivendungen, wie „ein großes Bier" und „ein kleiner Mann." Ich gehe seit vier Jahren zu einem Abendkurs. Der Lehrer ist sehr nett und ich habe viel Spaß mit den anderen Studenten. Ich erzähle jetzt auch schon Witze auf Deutsch.

ÜBUNG

23

Wer sagt was über Deutsch? Finden Sie die Stellen in
den Texten und kreuzen Sie an.

	Fahid	Netsehet	Peter	Abigail
Sprechen ist einfacher als Schreiben.	✗	✗		
Trennbare Verben („abfahren", „mitkommen") sind ein Problem.			✗	
Adjektivendungen sind schwer.				
Die Großschreibung ist schwierig.				
Die Artikel (der, die, das) sind kompliziert.				
Wenn man Englisch spricht, ist Deutsch ziemlich einfach.				
Man kann Deutsch schnell lernen.				

ÜBUNG

24

Was denken / meinen / sagen / glauben die vier Leute?
Schreiben Sie, was die Leute sagen. Benutzen Sie **dass**.

Beispiel
Was denkt Fahid über Sprechen und Schreiben?
Er denkt, **dass** Sprechen einfacher als Schreiben **ist**.

a) Wie findet Fahid die Leute in Deutschland?
b) Was findet Netsehet schwierig?
c) Was sagt Peter über trennbare Verben?
d) Was glaubt Peter? Ist Deutsch schwer?
e) Was meint Abigail über Adjektivendungen?
f) Was denkt Abigail über ihren Abendkurs?

Und zum Schluss: Was denken Sie über die deutsche Sprache?

Sprechen Sie mit Ihrem Partner und dann in der Klasse.
Was denken Sie? Was denkt Ihr Partner?

	Was denken Sie?	Was denkt Ihr Partner?
Finden Sie, dass Deutsch schwierig ist?		
Sind die Artikel kompliziert?		
Was finden Sie am schwierigsten?		
Was ist nicht so kompliziert?		
Welche Themen haben Ihnen Spaß gemacht? Welche nicht?		
Sprechen, Hören, Lesen, Schreiben: Was machen Sie am liebsten? Was machen Sie weniger gern?		
Was haben Sie in den letzten Kapiteln gut verstanden? Was müssen Sie wiederholen?		
Was möchten Sie im nächsten Kurs machen? Welche Themen? Was möchten Sie lernen?		

TIPPS ZUR AUSSPRACHE

In German the letter **a** *is pronounced long in some words and short in others. Listen first to words that contain a short* **a** *and then to words that contain a long* **a**:

an	machen	was	Dank	Glas
nach	Name	war	haben	sagen

You will probably find that you develop a feel for whether **a** *should be long or short in a given word.*

☺ *How would you pronounce these words – all of which you have met in the course?* Hand, Nase, das, Grad, Tante, Hamburg.

Grammatik

Zahlen (Wiederholung)

Numbers can be difficult to understand and produce, particularly when they are said quickly. Here is a reminder of a few points about German numbers.

The numbers 21–99 are 'back-to-front' compared with English numbers:

21 einundzwanzig
37 siebenunddreißig
98 achtundneunzig

The numbers 101–120 tend not to have an **und** to link them together:

101 hunderteins
111 hundertelf
120 hundertzwanzig

All numbers up to one million are written as one word:

2843 zweitausendachthundertdreiundvierzig
10 962 zehntausendneunhundertzweiundsechzig

Numbers after a million are written as follows:

4 800 543 vier Millionen achthunderttausendfünfhundertdreiundvierzig

Note that a comma is used in German where a decimal point would be used in English:

81,5 Millionen spricht man: einundachtzig Komma fünf Millionen.

Dass

In this Lektion you have learned that **dass** can be used to introduce thoughts and opinions. It can also be used to report what someone has said:

Bitte sagen Sie ihr, **dass** ich angerufen habe. *Please tell her that I phoned.*

Dass can also be used to give an indirect command:

Bitte sag ihm, **dass** er mich anrufen soll.   *Please tell him to phone me*
                                                     (lit. *that he should phone me*).

Remember that **dass** sends the verb to the end of the sentence or clause:

Ich denke, **dass** es in München viele Biergärten *gibt*.

If there is more than one verb – for instance when using the present perfect tense or constructions involving modal verbs – then **haben** / **sein** or the modal verb goes to the last position:

Bitte sagen Sie ihr, **dass** ich angerufen *habe*.
Bitte sag ihm, **dass** er mich anrufen *soll*.

Don't forget to include the comma, whether the **dass** is used or not.

Conjunctions

Words like *that, because, although* which join two sentences or clauses together are known as *conjunctions*:

I think.   He is a carpenter.
→ I think *that* he is a carpenter.
I am learning German.   I often go to Germany.
→ I am learning German *because* I often go to Germany.

In German **dass** and **wenn** are examples of conjunctions that change the word order. At a later stage you might come across more examples, such as **weil** (*because*) or **obwohl** (*although*):

Ich lerne Deutsch, **weil** ich oft nach Deutschland **fahre**.
Ich fahre oft nach Italien, **obwohl** ich kein Wort Italienisch **spreche**.

Mehr Übungen ...

1   Was kann man auch sagen? Welche Sätze sind sehr ähnlich?

   a) Ich möchte mit Herrn Wittinger sprechen.
      1   Kann ich mit Herrn Wittinger sprechen?
      2   Ich soll mit Herrn Wittinger sprechen.
   b) Frau Kreuzer ist auf Geschäftsreise.
      1   Frau Kreuzer ist im Moment nicht da und für die Firma unterwegs.
      2   Frau Kreuzer ist in einem Meeting.
   c) Ich rufe zurück.
      1   Ich rufe nicht mehr an.
      2   Ich rufe später wieder an.
   d) Soll ich ihm eine Nachricht hinterlassen?
      1   Soll ich ihm etwas sagen?
      2   Soll er Sie zurückrufen?

2   Sagen Sie es komplizierter: Benutzen Sie **dass**.

   Beispiel
   Sagen Sie ihm, ich möchte ihn sprechen.
   Sagen Sie ihm, dass ich ihn sprechen möchte.

   Sagen Sie ihm,

   a) ... ich habe angerufen.

b) ... ich bin heute Nachmittag an meinem Schreibtisch.

c) ... er soll zurückrufen.

d) ... ich möchte heute Abend mit ihm essen gehen.

e) ... er soll seine Freundin mitbringen.

f) ... wir wollen nachher ins Wellnesscenter gehen.

3 Wie heißen die richtigen Präpositionen?

> am – in – beim – im – auf – in – am – auf

a) Hier ist Petersohn **am** Apparat.

b) Dr. Peters ist _____ Geschäftsreise.

c) Am Montag ist er _____ Berlin.

d) Doris liegt _____ Bett.

e) Paul war drei Wochen _____ Mallorca.

f) Sie waren zwei Stunden _____ einem Meeting.

g) Frau Krull ist _____ Zahnarzt.

4 Wissenswertes über Ihr Land

Lesen Sie den Text „Wissenwertes über die Schweiz, Österreich und Deutschland"
noch einmal. Was können Sie über Ihr Land sagen? Schreiben Sie, wie groß Ihr
Land ist, wie viele Einwohner es hat, wie die Hauptstadt heißt, was für
Sehenswürdigkeiten es gibt, usw.

Now you have completed Lektion 12, can you:

tick

1 answer the telephone, take messages and pass on requests? ☐
   See pages 222–6.

2 write your CV? ☐
   See pages 227–30.

3 talk about German-speaking countries and cities? ☐
   See pages 231–5.

4 talk about the German language and make comparisons
   with other languages? ☐
   See pages 235–8.

5 talk about your country of origin or the country you live in? ☐
   See page 241

**Congratulations! Herzlichen Glückwunsch! You've finished the course. We hope
that you have enjoyed working with Willkommen! and we wish you the best of luck
for your further study of German. If you'd like to make any comments, you can
contact us via our website www.hoddereducation.co.uk**

Checkliste

Was haben Sie gelernt?

TELEFONIEREN	*Telephoning*
aus|richten – jemandem etwas ausrichten	*to give a message to someone*
hinterlassen	*to leave (a message)*
verbinden	*to connect, put through*
warten	*to wait*
zurück|rufen	*to call back*
weider|kommen	*to come back, come again*
der Augenblick (-e)	*moment*
der Anrufbeantworter (-)	*answering machine*
der Apparat (-e)	*apparatus, phone*
die Leitung (-en)	*line*
die Nachricht (-en)	*message*
die Stimme (-n)	*voice*
besetzt	*busy, engaged*

LEBENSLAUF	*CV*
das Abitur (-e)	*leaving exam at Gymnasium, roughly A-levels*
der Bankkaufmann (¨er)	*qualified bank clerk*
der Filialleiter (-)	*branch manager*
die Grundschule (-n)	*primary school*
das Gymnasium (...ien)	*grammar school*
die Kenntnis (-se) (often plural)	*knowledge*
die Lehre (-n)	*apprenticeship*
das Praktikum (...ka)	*work experience*
der Realschulabschluss	*roughly equivalent to GCSE in the UK*
der Sprachkurs (-e)	*language course*
der Werdegang (¨e)	*development, career*
fließend	*fluent*
wechseln	*to change*
ziehen	*(here) to move*

MEINUNGEN	*Opinions*
denken	*to think*
glauben	*to believe, think*
meinen	*to think, be of the opinion*
Keine Ahnung!	*(I have) no idea!*

DEUTSCHSPRACHIGE LÄNDER	*German-speaking countries*
der Anteil (-e)	*share, proportion*
der Asylant (-en)	*asylum seeker*
der Ausländer (-)	*foreigner*
der Einwohner (-)	*inhabitant*
das Fürstentum (¨er)	*principality*
die Grenze (-n)	*border*
die Hauptstadt (¨e)	*capital city*
die Minderheit (-en)	*minority*
der Rang (¨e)	*rank, place*
das Schloss (¨er)	*castle*
die Sehenswürdigkeit (-en)	*sight (worth seeing)*
die Wiedervereinigung (-en)	*reunification*
beliebt	*popular*
umfassen	*to comprise*

VERSCHIEDENES	*Miscellaneous*
ungefähr	*about, approximately*
ändern	*to change*
führen	*to guide, lead*
geschäftlich	*on business*
die Geschäftsreise (-n)	*business trip*
kompliziert	*complicated*
nötig	*necessary*
der Witz (-e)	*joke*

Partner B

Lektion eins

Partner B: *Choose one of the cards below (***Visitenkarten***)
and introduce yourself. Ask for the name of your partner. Ask
him or her to spell his or her name. Ask for the telephone
number, e-mail address, fax number, as appropriate. Write
the name down and check it later. Repeat the game with
another card.*

Beispiel
B: Ich heiße Inge Maier. Wie ist Ihr Name?
A: Mein Name ist …
B: Wie schreibt man das? Bitte
   buchstabieren Sie.
A: …

HANSA Versicherungsgesellschaften
Leben • Feuer • Unfall • Kraftfahrt • Haftpflicht

Inge Maier
Generalagentur

Scharnhorststraße 265 28195 BREMEN
Tel (0421) 23 45 61 • Fax (0421) 23 68 92
www.hansabremen.de   E-Mail:i.maier@hansabremen.de

Die preiswerte Alternative!

Florian Wilhelmsberger
UMZÜGE

Tel. 0251 42 34 86   Mob. 0176 2606753

 Frauen-Taxi Brinkmeyer

Katrin Brinkmeyer

Karl-August-Platz 14a 10243 Berlin
Telefon 2 79 60 83 24 Stunden

Lektion zwei

Partner B:

423 78 22
65 14 90
80 40 32
774 74 53

Partner B – Rollen

Name	Izzet Yalezan	Marga Hartmann
Staatsangehörigkeit	Türke	Italienerin
Geburtsort	Frankfurt	Meran
Wohnort	Düsseldorf	Bozen
Sprachen	Türkisch und Deutsch	Italienisch und Deutsch
Familienstand	ledig	seit zwei Jahren verwitwet
Arbeit?	nein, Studium in Düsseldorf	nein, seit drei Jahren pensioniert

Lektion drei

Partner B: Your partner is visiting the town of Dittburg and would like to know what buildings 1–6 on his/her map on page 44 represent. Here is the missing information that Partner A will ask you about:

1 Kneipe – Bierstübl
2 Bäckerei – Bäckerei Meyer
3 Kirche – Jakobskirche
4 Hotel – Bahnhofshotel
5 Café – Café Krause
6 Biergarten – Brauhaus Paulaner

Now change roles.

Partner B: You are visiting Schönheim and would like to know what the buildings 1–6 represent (see map below). Ask Partner A who lives locally to provide you with the missing information:

Example

B: Was ist Nummer 1?
A: Das ist **eine** Bäckerei.
B: Wie heißt **die** Bäckerei?
A: **Die** Bäckerei heißt ... / **Sie** heißt ...

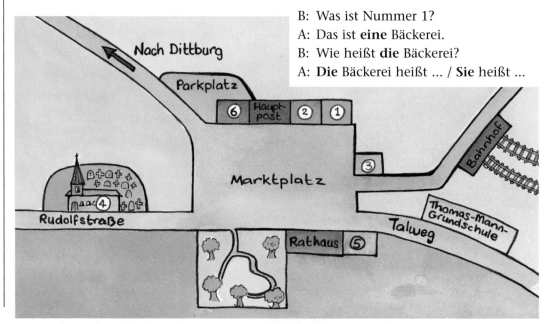

Partner B: Wählen Sie Ihre Rolle – Sie sind entweder Sheila oder George aus Bristol. *Choose the appropriate role – either Sheila or George from Bristol. You are visiting Hanover.*

Fragen Sie Ihre Partnerin/Ihren Partner aus Hannover: Sind Sie Deutsche(r)? Sind Sie verheiratet? Ist Ihr Mann/Ihre Frau Deutsche(r)? Wie lange wohnen Sie in Hannover? Was sind Sie von Beruf? Wo arbeiten Sie? *Now answer the questions your partner asked using Sheila's or George's details.*

Sheila Miller	**George Miller**
Engländerin	Amerikaner
Sie ist mit George Miller verheiratet.	Er ist mit Sheila Miller verheiratet.
George ist Amerikaner.	Sheila ist Amerikanerin.
Sie wohnt seit 44 Jahren in Bristol.	Er wohnt seit 7 Jahren in Bristol.
Sie ist Managerin bei „Next".	Er ist Webdesigner bei HP.

Lektion vier

Partner B: Take either the role of Hannelore or Jürgen. Be prepared to talk about your family relationships. Partner A has similar information about another family. Find out as much as you can from him or her by using the questions and answers (on page 72) as a guide. Take some notes (in German) and write a short portrait of your partner.

Persönliche Angaben

Name: Hannelore Knuth-Kling, 29
verheiratet mit Jürgen
wohnt in Köln
ist Ärztin

Name: Jürgen Knuth-Kling, 31
verheiratet mit Hannelore
wohnt in Köln
ist Ingenieur

Kinder: eine Tochter, einen Sohn
Cecilia, 3 Jahre; Tom, 2 Jahre

Eltern
Mutter: Hedi, 52, ist Hausfrau
Vater: Richard, 55, war Pilot

Eltern
Mutter: Gertrude, 61, war Verkäuferin
Vater: Richard, 64, war Fußballtrainer,
pensioniert

Geschwister: eine Schwester,
einen Bruder
Schwester: Paula, 31,
ist Modedesignerin
Bruder: Tristan, 22, ist Balletttänzer;
beide ledig

Geschwister: zwei Brüder
Karl, 36, ist Busfahrer, verheiratet
Peter, 32, ist Fußballprofi,
ledig

Enkelkinder: noch keine

Haustiere: 4 Katzen – Adam, Eva, Herodes und Johannes

Lektion fünf

Was kostet ...?

Partner B Geben Sie die Preise an.

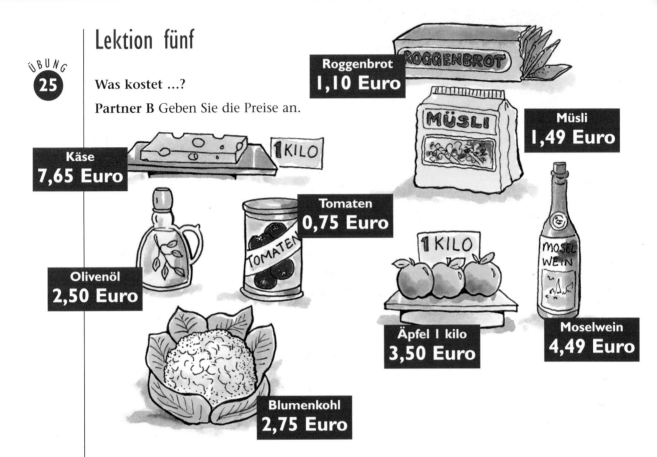

Roggenbrot
1,10 Euro

Müsli
1,49 Euro

Käse
7,65 Euro

1 KILO

Tomaten
0,75 Euro

Olivenöl
2,50 Euro

1 KILO

Moselwein
4,49 Euro

Äpfel I kilo
3,50 Euro

Blumenkohl
2,75 Euro

Lektion sechs

Partner B

Partner A bucht ein Zimmer. Sie spielen die
Empfangsdame / den Empfangschef.
Danach buchen Sie ein Zimmer. Hier sind Ihre Details:

*After this: Make up your own
details and practise more.*

Lektion sieben

Partner B:

a) **Preise für**	b) **Dauer**	c) **Wie oft**
Bahn: 3,90 €	Bahn: 17 Minuten	Bahn: alle 15 Minuten
Bus: 2,80 €	Bus: 25 Minuten	Bus: alle 25 Minuten
Taxi: 30 € (ungefähr)	Taxi: 20 Minuten	Taxi: fast immer

Lektion acht

Partner B: Fragen Sie Ihren Partner, was sie/er am Wochenende gemacht hat. Schreiben Sie die Antworten in die Box.

Beispiel
Was hast du am Samstagmorgen / Samstagnachmittag / Samstagabend gemacht?

	Samstag	Sonntag
Am Morgen …		
Am Nachmittag …		
Am Abend …		

Ihr Partner möchte jetzt wissen, was Sie am Wochenende gemacht haben. Erzählen Sie, bitte.

Samstag

9.00
frühstücken –
ein neues Handy kaufen

14.00
einen Spaziergang machen,
viel fotografieren

22.00
im Star-Club tanzen

Sonntag

10.00
Tennis spielen,
dann Mittagessen kochen

15.00
Musik hören,
Vokabeln lernen

19.00
Freunde besuchen

Lektion neun

ÜBUNG

26

Partner B:
Sie sind Frau/Herr Klinsmann und arbeiten im Verkehrsamt in Dresden. Ihr Partner sucht ein Hotelzimmer. Im Moment gibt es freie Zimmer im Hotel Britannia, im Hotel Mozart und in der Pension Hubertus.

Beantworten Sie die Fragen von Ihrem Partner.

Informationen zu den Hotels:

	Hotel Britannia	Hotel Mozart	Pension Hubertus
Wie weit bis ins Zentrum?	direkt im Zentrum	3 km vom Zentrum entfernt	5 Min. zu Fuß
Preis			
Einzelzimmer	125 Euro	95 Euro	45 Euro
Doppelzimmer	175 Euro	105 Euro	55 Euro
ruhig?	nicht sehr	sehr	ziemlich
Bad / Dusche?	✓	nur Dusche	auf dem Korridor
Restaurant?	✓	✓	✗
Pluspunkte	Sauna	antike Möbel	Garten

Lektion elf

ÜBUNG

5

Partner B:
Sie treffen eine alte Freundin/einen alten Freund (Partner A). Fragen Sie sie/ihn, was sie/er im Urlaub gemacht hat. Hier sind Ihre Fragen:

– Wo waren Sie / warst du im Urlaub?
– Wie lange waren Sie / warst du dort?
– Wie war das Wetter?
– Wo haben Sie / hast du gewohnt?
– Ist etwas Besonderes passiert?
– Hat Ihnen / dir der Urlaub gefallen?
– Wo möchten Sie / möchtest du das nächste Mal Urlaub machen?

Tauschen Sie die Rollen: Erzählen Sie nun von Ihrem Urlaub.

Hier ist Ihre Geschichte:

Sie waren in Heidelberg.

Sie sind drei Tage geblieben.

Sie haben in einer Jugendherberge gewohnt.

Sie sind abends in eine Karaoke-Kneipe gegangen.

Dort haben Sie ein Lied von Elvis Presley gesungen.

Ein Produzent hat Sie gehört. Ihre Stimme hat ihm sehr gut gefallen.

Sie sind am nächsten Tag mit ihm nach Berlin geflogen.

Dort waren Sie auf einer Party mit Boris Becker, Claudia Schiffer und Madonna.

Sie haben im Fernsehen und im Radio gesungen.

Irregular and mixed verbs

(See page 158.)

INFINITIVE		Vowel changes in the 3rd person singular present tense	PAST PARTICIPLE
anlfangen	to start	fängt an	angefangen
anlrufen	to call, to telephone		angerufen
auflstehen	to get up		aufgestanden⊕
beginnen	to begin		begonnen
bleiben	to stay		geblieben⊕
bringen	to bring		gebracht
denken	to think		gedacht
empfehlen	to recomend	empfiehlt	empfohlen
essen	to eat	isst	gegessen
fahren	to drive, to go	fährt	gefahren⊕
finden	to find		gefunden
fliegen	to fly		geflogen⊕
geben	to give	gibt	gegeben
gehen	to go, to walk		gegangen⊕
haben	to have	hat	gehabt
helfen	to help	hilft	geholfen
kennen	to know		gekannt
kommen	to come		gekommen⊕
lesen	to read	liest	gelesen
nehmen	to take	nimmt	genommen
schlafen	to sleep	schläft	geschlafen
schneiden	to cut, to edit		geschnitten
schreiben	to write		geschrieben
schwimmen	to swim		geschwommen⊕
sehen	to see, to watch	sieht	gesehen
sein	to be	ist	gewesen⊕
singen	to sing		gesungen
sitzen	to sit		gesessen
sprechen	to talk, to speak	spricht	gesprochen
tragen	to carry, to wear	trägt	getragen
treffen	to meet	trifft	getroffen
trinken	to drink		getrunken
tun	to do		getan
umlsteigen	to change		umgestiegen⊕
vergessen	to forget	vergisst	vergessen
verlassen	to leave	verlässt	verlassen
verlieren	to lose		verloren
waschen	to wash	wäscht	gewaschen
werden	to become	wird	geworden⊕
wissen	to know	weiß	gewusst

⊕ These verbs normally form their perfect tense with **sein**.

Glossary

This glossary is intended to help you recall and use the most important words that you have met during the course. It is not intended to be comprehensive.

Abbreviations
form. = formal; inform. = informal; pl. = plural;
sing. = singular; + acc. = + accusative; + dat. = + dative

* indicates that a verb is irregular; you will find most of these verbs on the list of irregular verbs (page 250).
| indicates that a verb is separable (e.g. **an|rufen**).

A

about (30 minutes)	ungefähr
to ache	weh|tun
My head aches	Mein Kopf tut (mir) weh
address	die Adresse (-n)
advantage	der Vorteil (-e)
adventure	das Abenteuer (-)
to advise	raten*
after	nach (+ dat.)
after that	danach
afternoon	der Nachmittag
in the afternoon	am Nachmittag/nachmittags
afterwards	anschließend
ago	vor
a year ago	vor einem Jahr
air	die Luft (¨e)
alarm clock	der Wecker (-)
alcohol	der Alkohol
already	schon
to alter	ändern
although	obwohl (sends verb to end)
always	immer
to amount to	betragen*
answer	die Antwort (-en)
to answer (a question)	(eine Frage) beantworten
answering machine	der Anrufbeantworter (-)
to appear	erscheinen*
apple	der Apfel (¨)
April	der April
appointments diary	der Terminkalender (-)
apprenticeship	die Lehre (-n)
to do an apprenticeship	eine Lehre machen
approximately	ungefähr
area	das Gebiet (-e)
arm	der Arm (-e)
armchair	der Sessel (-)
aspirin	das Aspirin (-s)
to take an aspirin	ein Aspirin nehmen
asylum seeker	der Asylant (-en)
August	der August
aunt	die Tante (-n)
autumn	der Herbst

B

baby	das Baby (-s)
back (noun)	der Rücken (-)
back	zurück
bad	schlecht
bag	die Tüte (-n)
baguette	die Baguette (-s/-n)
bakery	die Bäckerei (-en)
balcony	der Balkon (-)
balloon	der Luftballon (-s)
the Baltic	die Ostsee
band	die Band (-s)
bank	die Bank (-en)
bathroom	das Badezimmer (-)
to be	sein*
to be able to, can	können*
beach	der Strand (¨e)
beautician	die Kosmetikerin (-nen)
beautiful	schön
to be called	heißen*
because	denn/weil (sends verb to end)

to become	werden*
bed	das Bett (-en)
bedroom	das Schlafzimmer (-)
beer	das Bier (-e)
beer garden	der Biergarten (¨)
beer belly	der Bierbauch (¨e)
before(hand)	vorher
to begin	an|fangen*, beginnen*
behind	hinter (+ acc. / + dat.)
to believe	glauben
belly	der Bauch (¨e)
between	zwischen (+ acc. / + dat.)
bicycle	das Fahrrad (¨er)
to ride a bike	ein Fahrrad fahren*
big	groß
bike	das Fahrrad (¨er); das Motorrad (¨er)
birthday	der Geburtstag (-e)
bit	bisschen
black	schwarz
blouse	die Bluse (-n)
blue	blau
body	der Körper (-)
book	das Buch (¨er)
bookshop	die Buchhandlung (-en)
border	die Grenze (-n)
boring	langweilig
bosom	der Busen (-)
bottle	die Flasche (-n)
branch manager	der Filialleiter (-)
bread	das Brot (-e)
breakfast	das Frühstück
to (eat) breakfast	frühstücken
bricklayer	der Maurer (-) / die Maurerin (-nen)
bright	hell
brilliant	prima (inform.)
to bring	bringen*
brother	der Bruder (¨)
brother-in-law	der Schwager (¨)
brothers and sisters	Geschwister (pl.)
building	das Gebäude (-)
bus	der Bus (-se)
business	das Geschäft (-e)
business – on business	geschäftlich
business card	die Visitenkarte (-n)
business trip	die Geschäftsreise (-n)
busy	besetzt/beschäftigt
The line is busy	Die Leitung ist besetzt
I am busy	Ich bin beschäftigt
but	aber
to buy	kaufen
bye	Tschüss!

C

café	das Café (-s)
cake	der Kuchen (-)
to call	rufen
to call (telephone)	an|rufen*
to call back	zurück|rufen*
camera	die Kamera (-s)
can	die Dose (-n)
cap	die Mütze (-n)
capital city	die Hauptstadt (¨e)
cappuccino	der Cappuccino (-s)
car	das Auto (-s)

card	die Karte (-n)
carpenter	der Tischler (-) / die Tischlerin (-nen)
cash desk	die Kasse (-n)
castle	das Schloss (¨er)
cat	die Katze (-n)
cauliflower	der Blumenkohl (-e)
CD	die CD (-s)
celebration	die Feier (-n)
cellar	der Keller (-)
to celebrate	feiern
central	zentral
central heating	die Zentralheizung (-en)
to chat	schwatzen
champagne	der Sekt
(produced in Germany)	
to change (money, etc)	wechseln (Geld, etc)
to change (bus, train, etc)	um|steigen*
to change, alter	ändern
checkout	die Kasse (-n)
cheese	der Käse
chemist's shop	die Apotheke (-en)
chest	die Brust (¨e)
child	das Kind (-er)
children's room	das Kinderzimmer (-)
Christmas	das Weihnachten (-)
church	die Kirche (-n)
cinema	das Kino (-s)
city	die Stadt (¨e), die Großstadt (¨e)
city centre	das Stadtzentrum (-zentren)
class reunion	das Klassentreffen (-)
clock	die Uhr (-en)
clothing	die Kleidung
cloudy	wolkig
coat	der Mantel (¨)
coffee	der Kaffee (-s)
cold	kalt
to collect	sammeln
colour	die Farbe (-n)
colourful	bunt
to come	kommen*
to come again, come back	wieder|kommen*
to come along	mit|kommen*
comfortable	bequem, komfortabel
to complete, do	erledigen
complicated	kompliziert
to comprise	umfassen
computer	der Computer (-)
confectionery	die Süßigkeit (-en)
connection	die Verbindung (-en)
to connect	verbinden
consumer article	der Konsumartikel (-)
container	der Behälter (-)
to cook	kochen
cool	kühl
corner	die Ecke (-n)
cornflakes	die Cornflakes (pl.)
cosmopolitan	kosmopolitisch
to cost	kosten
countryside	das Land
We are going to the country	Wir fahren aufs Land
cup	die Tasse (-n)
cupboard	der Schrank (¨e)
to cut	schneiden
CV	der Lebenslauf (¨e)
to cycle	Rad fahren*

D

to dance	tanzen
dangerous	gefährlich
dark	dunkel
daughter	die Tochter (¨)
day	der Tag (-e)
dear	lieb
Dear Peter	Lieber Peter (inform.)
Dear Mrs Meier	Sehr verehrte Frau Meier (form.)
delicious	lecker
delighted	erfreut, sich freuen
I am delighted	Das freut mich

dentist	der Zahnarzt/die Zahnärztin
department store	das Kaufhaus (¨er)
December	der Dezember
diary (for appointments)	der Terminkalender (-)
different	verschieden
direction	die Richtung (-en)
directory enquiries	die Auskunft
diving	das Tauchen
divorced	geschieden
to do	machen, tun*
doctor	der Arzt (¨e) / die Ärztin (-nen)
dog	der Hund (-e)
double room	das Doppelzimmer (-)
dream	der Traum (¨e)
to dress (oneself)	sich kleiden
drink	das Getränk (-e)
to drink	trinken*
to drive	fahren*
drop	der Tropfen (-)
drugstore	die Drogerie (-n)
dry cleaner's	die Reinigung (-en)
DVD recorder	der DVD-Rekorder (-)

E

ear	das Ohr (-en)
early	früh
earlier	früher
to earn	verdienen
to eat	essen*
egg	das Ei (-er)
electrical appliance	das Elektrogerät (-e)
electrical goods shop	der Elektroladen (¨)
electrician	der Elektriker (-)
e-mail address	die E-Mail-Adresse (-n)
else – Anything else?	Sonst noch etwas?
engaged (phone line)	besetzt
environment	die Umwelt
especially	besonders
evening	der Abend (-e)
in the evening	abends
every day	jeden Tag
everything	alles
examination	das Examen (-), die Prüfung (-en)
excellent	ausgezeichnet
exciting	aufregend
excursion	der Ausflug (¨e)
expression	der Ausdruck (¨e)
expensive	teuer
to excuse	entschuldigen
eye	das Auge (-n)
eye specialist	der Augenarzt (¨e)/ die Augenärztin (-nen)

F

face	das Gesicht (-er)
fairly	ziemlich
family	die Familie (-n)
fantastic	fantastisch
far	weit
fashion	die Mode (-n)
fashionable	modisch
fat	das Fett
fat (noun)	dick
father	der Vater (¨)
father-in-law	der Schwiegervater (¨)
fax number	die Faxnummer (-n)
February	der Februar
to feel	fühlen
to fetch	ab|holen
to fight	bekämpfen
film	der Film (-e)
to finish	beenden
flat	die Wohnung (-en)
flat-share	die Wohngemeinschaft (-en)
flea market	der Flohmarkt (¨e)
flower	die Blume (-n)
flu	die Grippe (-n)
fluent	fließend

to fly	fliegen*
fog	der Nebel
foggy	neblig
food	die Lebensmittel (neuter pl)
foot	der Fuß (¨e)
football	der Fußball (¨e)
for	für (+ acc.)
foreigner	der Ausländer (-)
forest	der Wald (¨er)
to forget	vergessen*
formerly	früher
frequently	häufig
fresh	frisch
Friday	der Freitag
friend	der Freund (-e), die Freundin (-nen)
friendly	freundlich (for countries and towns)
from	aus (+ dat.); von (+ dat.)
front – in front of	vor (+ acc. / + dat.)
fruit	das Obst
fun	der Spaß
furniture	Möbel (-) (neut.pl.)

G

game	das Spiel (-e)
garden	der Garten (¨)
garlic	der Knoblauch
gentleman	der Herr (-en)
to get	bekommen*
to get (fetch)	holen
to get up	auf|stehen*
gift	das Geschenk (-e)
to give	geben*
to give (as a present)	schenken
glass	das Glas (¨er)
glasses (pair of)	die Brille (-n)
to go (in a vehicle)	fahren*
to go	gehen*
to go for a walk	spazieren gehen
good	gut
Goodbye	Auf Wiedersehen
Good day	Guten Tag
(including Good afternoon)	
Good evening	Guten Abend
Good morning	Guten Morgen
Good night	Gute Nacht
grammar school	das Gymnasium (...ien)
grandchild	das Enkelkind (-er)
grandfather	der Großvater (¨)
grandmother	die Großmutter (¨)
grandson	der Enkelsohn (¨e)
great	toll
green	grün
greeting	der Gruß (¨e)
grey	grau
guesthouse	die Pension (-en)
to guide	führen
guided tour (of a town)	die Stadtführung (-en)
gynaecologist	der Frauenarzt/die Frauenärztin

H

hair	das Haar (-e)
hairdresser	der Friseur (-e) / die Friseurin (-nen)
hairstyle	die Frisur (-en)
hand	die Hand (¨e)
hat	der Hut (¨e)
to have	haben*
to have to, must	müssen*
to hate	hassen
head	der Kopf (¨e)
health	die Gesundheit
health insurance	die Krankenversicherung (-en)
healthy	gesund
heart	das Herz (-en)
hectic	hektisch
heel	die Ferse (-n)
hello	hallo
to help	helfen*
here	hier

high	hoch
high point, climax	der Höhepunkt (-e)
to hike	wandern
hobby	das Hobby (-s)
holiday	der Urlaub (-e)
honey	der Honig (-e)
hospital	das Krankenhaus (¨er)
hot	heiß
hotel	das Hotel (-s)
hour	die Stunde (-n)
house	das Haus (¨er)
house-warming party	die Hauseinweihungsfeier (-n)
how?	wie?
how many?	wie viele?
how much?	wie viel?
human being	der Mensch (-en)
to hurt	weh|tun

I

I	ich
ice, ice-cream	das Eis (-)
idea	die Idee (-n)
I have no idea!	Ich habe keine Ahnung!
if	wenn (sends verb to end)
ill	krank
illness	die Krankheit (-en)
important	wichtig
in	in (+ acc. / + dat.)
information	die Auskunft (¨e)
inhabitant	der Einwohner (-)
insurance	die Versicherung (-en)
interesting	interessant
interview	das Interview (-s)
to interview	interviewen
invitation	die Einladung (-en)
to invite	ein|laden*
island	die Insel (-n)

J

jacket	die Jacke (-n)
jam	die Marmelade (-n)
January	der Januar
job	der Beruf (-e); der Job (-s)
job – Do you work?	Sind Sie berufstätig?
job – What work do you do?	Was sind Sie von Beruf?
joke	der Witz (-e)
journalist	der Journalist (-en) / die Journalistin (-nen)
juice	der Saft (¨e)
June	der Juni
July	der Juli

K

kiosk	der Kiosk (-e)
kitchen	die Küche (-)
knee	das Knie (-)
knowledge	die Kenntnis (-se) (often plural)
to know, be acquainted with	kennen*
to know (a fact)	wissen*

L

lady	die Dame (-n)
lamp	die Lampe (-n)
language	die Sprache (-n)
language course	der Sprachkurs (-e)
language school	die Sprachschule (-n)
large	groß
to last	dauern
late	spät
to lead	führen
least – at least	mindestens
to leave	verlassen*
to leave (a message)	hinterlassen*
lecture	die Vorlesung (-en)
left	links
leg	das Bein (-e)
lemonade	die Limonade (-n)
letter	der Brief (-e)

library	die Bibliothek (-en)
to lie (in the sun, etc.)	liegen
life	das Leben (-)
light	hell
to like – Do you like dancing?	Tanzen Sie gern?
to like – What would you like?	Was möchten Sie?
line (telephone)	die Leitung (-en)
lip	die Lippe (-n)
to listen	zuhören (+ dat.)
little	wenig
a little	ein bisschen
to live	wohnen, leben
living room	das Wohnzimmer (-)
long	lang
to look	aus|sehen*
to look for	suchen (nach)
to lose	verlieren*
loud	laut
to love	lieben
low	niedrig
lunch break	die Mittagspause (-n)

M

main post (office)	die Hauptpost
maize	der Mais
to make	machen
man	der Mann (¨er)
March	der März
market	der Markt (¨e)
market hall	die Markthalle (-n)
married	verheiratet
matter	die Sache (-n)
What's the matter with you?	Was fehlt Ihnen/dir? (+ dat.)
May	der Mai
to mean	bedeuten
measure	das Maß (-e)
meat	das Fleisch
mechanic	der Mechaniker (-) / die Mechanikerin (-nen)
medicine	das Arzneimittel (-), das Medikament (-e)
to meet	treffen*; sich treffen
meeting place	der Treffpunkt (-e)
message	die Nachricht (-en)
to give a message to someone	jemandem etwas ausrichten
midday	der Mittag (-e)
at midday	mittags
milk	die Milch
mineral water	das Mineralwasser (-)
minority	die Minderheit (-en)
Miss	Fräulein
moment	der Augenblick (-e), der Moment (-e)
at the moment	im Augenblick, im Moment
Monday	der Montag
money	das Geld
month	der Monat (-e)
morning	der Morgen (-de)
in the morning	morgens
mostly	meistens
mother	die Mutter (¨)
mother-in-law	die Schwiegermutter (-n)
mountain	der Berg (-e)
mouth	der Mund (¨er)
to move	ziehen*
Mr	Herr
Mrs	Frau
muesli	das Müsli (-s)
mushroom	der Pilz (-e)
music	die Musik
musician	der Musiker (-) / die Musikerin (-nen)
my	mein

N

name	der Name (-n)
national lottery	das Lotto
naturally	natürlich
near	in der Nähe (von)

nearby	in der Nähe
necessary	nötig
neck	der Hals (¨e)
to need	brauchen
nephew	der Neffe (-n)
never	nie
new	neu
news (a piece of)	die Nachricht (-en)
next	nächst-
next to	neben (+ acc. / + dat.)
nice	schön, nett
niece	die Nichte (-n)
night	die Nacht (¨e)
at night	nachts
no	nein
no (adj.)	kein
noisy	laut
nose	die Nase (-n)
not	nicht
noun	das Nomen (-)
November	der November
now	jetzt
number	die Zahl (-en)
(as in cardinal numbers)	
number	die Nummer (-n)
(as in phone numbers)	
nurse (female)	die Krankenschwester (-n)
nurse (male)	der Krankenpfleger (-)

O

October	der Oktober
of course	natürlich
office	das Büro (-s)
often	oft
old	alt
old-fashioned	altmodisch
on	auf (+ acc. / dat.)
once	einmal
one (personal pronoun)	man
open	offen
opinion	die Meinung (-en)
or	oder
orange juice	der Orangensaft (¨e)
to order	bestellen
outing	der Ausflug (¨e)
outlook	die Aussicht (-en)
outside	außerhalb
over	über (+ acc. / + dat.)
overcast	bedeckt

P

packet	die Packung (-en)
the Pacific	der Pazifik
paediatrician	der Kinderarzt/die Kinderärztin
pain	der Schmerz (-en)
parents	die Eltern (pl.)
park	der Park (-s)
part	der Teil (-e)
party	die Party (-s)
past	die Vergangenheit (-en)
to pay	zahlen, bezahlen
peaceful	friedlich
pension	die Rente (-n)
people	die Leute (pl.)
perfume	das Parfum/Parfüm (-s)
perhaps	vielleicht
person	die Person (-en)
personal pronoun	das Personalpronomen (-)
personal details	persönliche Angaben
photo	das Foto (-s)
to take a photo	ein Foto machen
to photograph	fotografieren
photographic shop	das Fotogeschäft (-e)
to pick up	ab|holen
picture	das Bild (-er)
piece	das Stück (-e)
pizza	die Pizza (-s/Pizzen)
place of residence	der Wohnort (-e)

place of birth	der Geburtsort (-e)
to play	spielen
please	bitte
police	die Polizei
poor	arm
popular	beliebt
post	die Post
postcard	die Postkarte (-n)
pot	das Kännchen (-)
potato	die Kartoffel (-n)
pound	das Pfund
prefer – I prefer (drinking) tea	Ich trinke lieber Tee
to prepare	vor|bereiten
to prescribe	verschreiben*
present	das Geschenk (-e)
previously	bislang
price	der Preis (-e)
primary school	die Grundschule (-n)
principality	das Fürstentum (¨mer)
problem	das Problem (-e)
producer	der Produzent (-en)
profession	der Beruf (-e)
proportion	der Anteil (-e)
prospect	die Aussicht (-en)
pub	die Kneipe (-n)
to pull	ziehen
pullover	der Pullover (-); der Pulli (-s)
to put	stellen, legen
to put on (clothes)	an|ziehen*
to put (s.o.) through	verbinden*

Q

quarter	das Viertel (-)
quarter to nine	Viertel vor neun
question	die Frage (-n)
quiet	ruhig
quite	ziemlich

R

radio	das Radio (-s)
radio broadcast	die Radiosendung (-en)
rail	die Bahn (-en)
railway station	der Bahnhof (¨e)
rain	der Regen
to rain	regnen
rank	der Rang (¨e)
to read	lesen*
really	wirklich
receptionist (female)	die Empfangsdame (-n)
to recommend	empfehlen*
record	die Schallplatte (-n) / die Platte (-n)
red	rot
refectory (in a university)	die Mensa (Mensen)
refrigerator	der Kühlschrank (¨e)
region	das Gebiet (-e)
relatively	relativ
relaxed	relaxed, entspannt
rent	die Miete (-n)
to rent	mieten
to reserve	reservieren
retired	pensioniert
reunification	die Wiedervereinigung (-en)
rice	der Reis
rich	reich
right	rechts
rock band	die Rockband (-s)
roll (of bread)	das Brötchen (-)
room	das Zimmer (-)

S

salad	der Salat (-e)
salami	die Salami (-s)
Saturday	der Samstag/Sonnabend
sausage	die Wurst (¨e), das Würstchen (-)
to say	sagen
school	die Schule (-n)
sea	das Meer (-e); die See (-n)
season	die Jahreszeit (-en)

secretary	der Sekretär (-e) / die Sekretärin (-nen)
to see	sehen*
seldom, rarely	selten
shampoo	das Shampoo (-s)
to share	teilen
shelves	das Regal (-e)
to shine	scheinen
shirt	das Hemd (-en)
shoe	der Schuh (-e)
shop	das Geschäft (-e); der Laden (¨)
to shop	ein|kaufen
shop assistant	der Verkäufer (-) / die Verkäuferin (-nen)
short(ly)	kurz
shower	die Dusche (-n)
sick	krank
sight (worth seeing)	die Sehenswürdigkeit (-en)
since	seit (+ dat.)
to sing	singen*
singer	der Sänger (-)
single	ledig
single room	das Einzelzimmer (-)
sister	die Schwester (-n)
sister-in-law	die Schwägerin
to sit	sitzen*
to ski	Ski laufen* / Ski fahren*
skin cream	die Hautcreme (-s)
skirt	der Rock (¨e)
to sleep	schlafen*
small	klein
to smoke	rauchen
snow	der Schnee
to snow	schneien
soap	die Seife (-n)
sock	die Socke (-n)
sofa	das Sofa (-s)
sometimes	manchmal
son	der Sohn (¨e)
song	das Lied (-er)
sorry – I'm sorry about that	Das tut mir leid
to speak	sprechen
to spell	buchstabieren
sport	der Sport (-)
spring	der Frühling
stadium	das Stadium/Stadion (-ien)
to start	an|fangen*
station	der Bahnhof (¨e)
to stay	bleiben*
still	noch
stocking	der Strumpf (¨e)
stomach	der Bauch (¨e), der Magen (¨)
straight ahead, straight on	geradeaus
street	die Straße (-n)
strenuous	anstrengend
strong	stark
to stop	halten*
student	der Student (-en) / die Studentin (-nen)
student residence	das Studentenwohnheim (-e)
study	studieren
What do you study?	Was studierst du?
stupid (inform.)	doof
sugar	der Zucker
suit	der Anzug (¨e)
summer	der Sommer (-)
sun	die Sonne (-n)
Sunday	der Sonntag (-e)
sun sunglasses	die Sonnenbrille (-n)
sunny	sonnig
super (inform.)	klasse
supermarket	der Supermarkt (¨e)
sweet	süß
sweet corn	der Mais
sweet	der Bonbon (-s)
to swim	schwimmen*

T

table	der Tisch (-e)
tablet	die Tablette (-n)

to take	nehmen*
to talk	reden
taste	der Geschmack ("er)
to taste	schmecken
tasty	lecker
taxi	das Taxi (-s)
taxi driver	der Taxifahrer (-) / die Taxifahrerin (-nen)
tea	der Tee
teacher	der Lehrer (-) / die Lehrerin (-nen)
telephone	das Telefon (-e)
telephone number	die Telefonnummer (-n)
to telephone	an|rufen, telefonieren
television set	der Fernseher (-)
television show	die Fernsehshow (-s)
temperature	die Temperatur (-en)
tennis	das Tennis
terraced house	das Reihenhaus ("er)
terrible	schrecklich
terrific	toll
thank you	danke schön
theatre	das Theater (-)
theme	das Thema (Themen)
then	dann
there	dort; da
they	sie
thing	die Sache (-n); das Ding (-e)
to think	denken*
thirsty	durstig
throat	der Hals ("e)
through	durch (+ acc.)
thunder storm	das Gewitter (-)
thundery	gewittrig
Thursday	der Donnerstag
ticket	das Ticket (-s)
ticket (for bus, train, etc)	der Fahrschein (-e)
tie	die Krawatte (-n)
till	die Kasse (-n)
time	die Zeit (-en)
What's the time?	Wie spät ist es? Wie viel Uhr ist es?
timetable	der Fahrplan ("e)
tiring	anstrengend
to	zu (+ dat.)
today	heute
toe	der Zeh (-en)
tomato	die Tomate (-n)
tomato juice	der Tomatensaft ("e)
tomorrow	morgen
tongue	die Zunge (-n)
tooth	der Zahn ("e)
topic	das Thema (Themen)
totally	total
tour	die Tournee (-s/-n)
tower block	das Hochhaus ("er)
town	die Stadt ("e)
town hall	das Rathaus ("er)
traffic	der Verkehr
train	der Zug ("e)
trainer	der Turnschuh (-e)
tram	die Straßenbahn (-en)
to travel	reisen
travel agency	das Reisebüro (s)
travel guide	der Reiseführer (-)
traveller's cheque	der Reisescheck (-s)
trousers (pair of)	die Hose (-n)
true	wahr
to try out	aus|probieren
Tuesday	der Dienstag
typical(ly)	typisch

U

ugly	hässlich
umbrella	der Regenschirm (-e)
uncle	der Onkel (-)
under	unter (+ acc. / + dat.)
underground (railway)	die U-Bahn (-en)

to understand	verstehen
unemployed	arbeitslos
university	die Universität (-en)
until	bis
up to now	bislang
urgent	dringend
useful	nützlich

V

vacation	der Urlaub (-e)
varied	abwechslungsreich
various	verschieden
vegetables	das Gemüse
verb	das Verb (-en)
vest	das Unterhemd (-en)
village	das Dorf ("er)
to visit	besuchen
vodka	der Wodka
voice	die Stimme (-n)

W

to wait	warten
to wake (s.o)	wecken
to wake up	wach werden
waiter/waitress	der Kellner (-) / die Kellnerin (-nen)
walk	der Spaziergang ("e)
to want	wollen*
warm	warm
was (past tense of **sein**)	war
to wash	waschen*
washing machine	die Waschmaschine (-n)
water	das Wasser
to watch television	fern|sehen
we	wir
to wear	tragen*
weather	das Wetter
weather forecast	die Wettervorhersage (-n)
weather report	der Wetterbericht (-e)
Wednesday	der Mittwoch
week	die Woche (-n)
weekend	das Wochenende
weight	das Gewicht (-e)
were (past tense of **sein**)	waren
what?	was?
What is your name? (form.)	Wie ist Ihr Name?
when?	wann?
when(ever)	wenn (sends verb to end)
where?	wo?
where ... from?	woher?
where ... to?	wohin?
whether	ob (sends verb to end)
why?	warum?
white	weiß
widowed	verwitwet
wind	der Wind (-e)
windy	windig
winter	der Winter (-)
with	mit (+ dat.)
woman	die Frau (-en)
work	die Arbeit (-en)
to work	arbeiten
work experience	das Praktikum (...ka)
to write	schreiben*

Y

year	das Jahr (-e)
yellow	gelb
yes	ja
yoghurt	der Joghurt (-s/-e)
you	Sie (formal), du (inform. sing.), ihr (inform. pl.)
young	jung
youth hostel	die Jugendherberge (-n)
your	Ihr (form.), dein (inform. sing.), euer (inform. pl.)